中国科学技术大学研究生教育创新计划项目
教材出版专项经费支持

破土

中国科大“新苗计划”创新创业案例 3

主　　编　朱东杰
执行主编　赵　征
副 主 编　鲁金茗　骆念武
编　　委　陶妍妍　区卓艳　刘启斌
　　　　　宋红彪　李津徽　童开轩

中国科学技术大学出版社

内 容 简 介

中国科学技术大学双创训练营“新苗计划”是为学生“双创基金”支持项目量身打造的专项辅导计划，旨在通过项目指导和展示交流等活动培育学生“种子期”创新创业项目和团队，使其成长为创新创业“新苗”。本书围绕中国科大创新创业“新苗计划”，选取13支具有中国科大特色的创新创业团队，以侧记、访谈、评论等形式，从项目创意、成长故事、思考感悟、导师点评、经验分享等视角，记录了创新创业“新苗”汲取营养、奋力“破土”的成长轨迹和心路历程，以期做到“讲好创新创业故事，提高创新创业能力”，为学校创新创业教育积累经验，提供方案。

图书在版编目(CIP)数据

破土：中国科大“新苗计划”创新创业案例．3/朱东杰主编．—合肥：中国科学技术大学出版社，2023.11

ISBN 978-7-312-05800-4

Ⅰ．破…　Ⅱ．朱…　Ⅲ．大学生—创业—案例　Ⅳ．G647.38

中国国家版本馆CIP数据核字(2023)第214797号

破土：中国科大“新苗计划”创新创业案例(3)

POTU: ZHONGGUO KEDA “XINMIAO JIHUA” CHUANGXIN CHUANGYE ANLI (3)

出版　中国科学技术大学出版社
安徽省合肥市金寨路96号，230026
http://press.ustc.edu.cn
https://zgkxjsdxcbs.tmall.com

印刷　安徽国文彩印有限公司

发行　中国科学技术大学出版社

开本　710 mm×1000 mm　1/16

印张　12.75

字数　158千

版次　2023年11月第1版

印次　2023年11月第1次印刷

定价　100.00元

序言

百年大计，教育为本。

习近平总书记在考察中国科学技术大学时说："教育是实现'两个一百年'奋斗目标的基础。"在全国教育大会上，总书记进一步指出，"要提升教育服务经济社会发展能力"，"推进产学研协同创新，积极投身实施创新驱动发展战略，着重培养创新型、复合型、应用型人才"。总书记的讲话高瞻远瞩，内涵寓意深远。

青年兴则国家兴，青年强则国家强。今天，我们比历史上任何时期都更需要建设世界科技强国，我们对创新创业人才的渴求比以往任何时候都更加强烈。为全面建设社会主义现代化强国提供一流创新创业人才支撑，是高校必须肩负起的责任与使命，是做好创新创业教育必须回答好的时代命题。

高校立身之本在于立德树人。

中国科学技术大学始终坚持把立德树人作为根本任务，坚持"红专并进、理实交融"的校训，着力践行以学生发展为中心的育人理念。大力培养"有理想、有追求、有担当、有作为、有品质、有修养"的"六有"大学生，努力造就德才兼备、又红又专的优秀人才；以本科生书院、创新创业学院建设为抓手，积极推行大类教育、专业培养的"2+X"培养模式，形成具有"中国特色、科大风格"的一流创新人才培养体系。

中国科学技术大学始终坚持创新立校，尊重首创精神。学校积极响应国家"创新驱动发展"和"大众创业、万众创新"战略号召，充分发挥科研、教育、人才优势,积极整合优质资源,建立跨学科协同创新的教育孵化平台,培养具备创新精神和创业能力的优秀人才,促进科技成果转移孵化,服务创新型国家战略。

中国科学技术大学始终坚持优化布局,构筑卓越创新体系。学校着力优化学科布局,确立了基础学科加快“率先一流”建设,“新工科”“新医学”和“特色文科”持续推进的学科发展战略,结合学校自身特色,打造“科”字当头的“特色文科”,与“理工医”深度交叉融合,成为引领科研“无人区”探索的指路明灯,推动科学研究跨越式发展。

中国科学技术大学始终坚守“科教报国、追求卓越”的初心使命。作为国家首批“双一流”建设高校,中国科学技术大学坚持以铸就学生创新灵魂为导向,坚持以科技创新创业为引领,坚持以教育培养为根基,坚持以课堂、竞赛、活动为载体,积极引导、辅导、指导大学生创新创业实践,努力实现大学生学业、创业、就业的结合,激励一代代科大学子以勇攀科学高峰为理想、以科教报国为己任、以自立自强为追求,为他们打上最鲜亮的时代底色。

创新创业人才的发现、发掘、培养是高等教育的重要使命。中国科学技术大学创新创业的步伐从未停歇:从人工智能到量子科技,从“托珠单抗”到“嫦娥奔月”,从大科学装置、科大先研院到合肥综合性国家科学中心、科大硅谷……处处闪耀着科大人奋斗的身影,处处凝结着科大人智慧的结晶,处处散发着科大人创新创业的活力。这是中国科大“红专并进”的生动实践,是中国科大“理实交融”的特色展现,更是中国科大“立德树人”的责任担当。

让人欣喜与振奋的是,随着中国科大创新创业教育的不断深入和发展,一批又一批优秀的科大学子正在成为创新创业“新苗”,他们正在“破土”而出,他们带着朝气、富有梦想。不远的将来,他们必将成为中国科技创新创业的重要力量。

大学的今天，就是社会的明天。中国科学技术大学将进一步全面贯彻落实习近平总书记关于中国科大发展的系列重要指示精神，加快构建创新创业教育的新体系，探索创新创业教育的新模式，构造开放、包容、合作、创新的创客文化，鼓励、支持、引导青年学子“把论文写在祖国的大地上，把科技成果应用在实现现代化的伟大事业中”，在实现中华民族伟大复兴“中国梦”的征途上，奏响新时代创新创业的“青春之歌”！

舒歌群

中国科学技术大学党委书记

前言

中国科学技术大学是教育部认定的首批“创新创业教育改革示范高校”。学校始终把创新创业人才的培养作为教育改革的核心，为了更高效地统筹协调全校创新创业教育和人才培养工作，2019年11月，中国科学技术大学创新创业学院正式成立。

创新创业学院自成立起，即以铸造学生创新创业灵魂、培养顶尖科技创新创业人才为目标，打造具有中国科大特色的创新创业教育培养体系，形成了以“四金”（即“金课”课程体系、“金牌”导师队伍、“金奖”项目团队、“金字”教育品牌）为标志和特色的科创人才培养模式。2022年9月、11月，中国科学技术大学创新创业学院先后入选教育部首批“国家级创新创业学院”、安徽省“首批省级创业研究院”建设单位。

在校内外多家单位、校友企业、政府机构的大力支持下，创新创业学院先后设立了五支公益性创新创业基金——“中国科学技术大学基本科研业务费学生创新创业基金”（简称“双创基金”）、“中国科学技术大学华米创新创业基金”（简称“华米基金”）、“中国科学技术大学福昕创新创业基金”（简称“福昕基金”）、“中国科学技术大学雏鹰基金”（简称“雏鹰基金”）和“中国科学技术大学雄鹰基金”（简称“雄鹰基金”），形成了支持科大学子和校友创新创业项目的“全链条”“阶梯式”公益性创新创业基金体系。通过公开申报、公正评审、公平竞争、无偿支持，持续培育本科生、研究生的创新创业项目，让学生在创新项目中发现问题、主动求索、努力创新，让同学们在创业实践中了解行业、思考感悟、创造价值。

为培养并发挥青年学生在创新创业教育中的自我培养、自我管理、自我服务能力,探索科技创业投资、基金管理人才培养的模式,中国科学技术大学校长包信和院士亲自倡议并推动了通过组建学生基金管理团队,采取“学生管理、专家指导、管培结合、全程服务”的思路,由学生团队来管理创新创业基金的创新模式,即由校内学生组建成基金管理团队,具体负责基金项目申报、评审、立项、服务等工作。学生基金管理团队在创新创业学院及行业专家指导下,定期进行业务培训,使基金管理工作与创业投资人才培养工作融为一体,学生基金管理团队为基金资助项目提供全过程的联络和服务。创新的基金管理模式,把项目遴选变成了创投人才培养课堂,把基金管理变成了同学们学习提升的实践课堂。这项把创新创业项目培育和创投人才培养融为一体的创新举措,在国内高校创新创业(简称“双创”)教育工作中属首创,被众多双创专家和教育专家称为“科大模式”。不到三年的时间,中国科大学生基金管理团队共遴选支持了近300个项目,支持项目资金近5000万元。

在项目团队的成长中,创新创业学院和学生基金管理团队根据其发展阶段,制订并组织开展了“双创训练营”培养计划——“新苗计划”“新秀计划”“新锐计划”。其中,“新苗计划”旨在帮助“种子期”的项目团队顺利完成关键技术研发、早期团队组建及商业计划制订,助其成长为创新创业“新苗”。为培育好这些创新创业的“种子”,创新创业学院按照“内外协作、专兼结合、热情参与、德才兼备”的思路,先后聘请了80位校内外专家学者、成功企业家、经济管理专家、政府管理者、创业投资者、孵化服务者等担任双创导师,为项目团队提供技术指导、培训咨询及资源对接等支持。

在一次次“新苗”培育活动中,我们见证了这些项目的成长、提升,参与活动的同学也都充分感受并赞赏项目培育中贯穿的“面向实战”“以赛促创”“重在培养”等教育理念。2022年,这些“新苗”先后在“互联网+”“挑战杯”等国内重点双创赛事中取得了1项国赛金奖、5项国赛银奖、5项国赛铜奖、32项省赛金奖的优异成绩。在众多优秀项目中,我们选取了部分具有中国科大特色的科技创新创业团队,将他们的项目创意、成长故事、思考感悟以及导师点评等汇编成册,在梳理他们的成长规律、创新模式,提供经验分享的同时,也记录下这些“新苗”汲取营养、奋力“破土”的过程。

就此机会,谨向在双创训练营“新苗计划”执行过程中给予大力支持的中国科大科研部、财务处、教务处、研究生院、招生就业处、团委、对外联络与基金事务处、先进技术研究院、物理学院、化学与材料科学学院、工程科学学院、苏州高等研究院、中国科学院合肥物质科学研究院、合肥微尺度物质科学国家研究中心等单位的领导和老师,以及科大讯飞股份有限公司、安徽华米信息科技有限公司、福建福昕软件开发股份有限公司、安徽创谷股权投资基金管理有限公司、安徽中鑫继远信息技术股份有限公司、合肥市科创集团有限公司、安徽爱意果园投资管理有限公司、合肥英毅教育咨询有限公司、安徽五十六钡教育科技有限责任公司等各界伙伴,表示衷心的感谢!

我们由衷感谢傅尧、韦积庆、闫立峰、王荣钊、裴晓辉、章晓军、徐强、黄叙新、王芳、喻敏、游浩方、董二宝、钱进等导师们的倾情奉献,以及各创新创业团队的积极配合。感谢王昊、徐扬、蔡恩婷、朱晓玲、卢五彩、程利等老师在活动策划、组织和执行过程中的无私奉献。感谢叶邦角老师、袁小平老师为本书提供插图。感谢中国科学技术大学出版社领导和编辑对本书出版的大力支持。

最后,愿我们所有的努力,都助力棵棵“新苗”,早日“破土”而出,终成参天大树。

编 者

2023年4月

目录

傅　尧

中国科学技术大学党委常委、副校长，

中国科大创新创业导师

我对科创青年的理解是：有眼光、有志向、有才华，一路前行、一路思考，以敢为人先的勇气、拼搏进取的锐气、蓬勃向上的朝气做元宇宙时代的“破局者”。

ILBS:基于人工智能的激光检测仪器

智能激光诱导击穿光谱仪(ILIBS)是一款以激光诱导击穿光谱技术为基础,结合人工智能算法,可实现物质成分定性定量分析的光谱仪,可应用于地质、煤炭、冶金、环境等各类物质分析领域,市场前景广阔。

近年来,科技创新发展绿色矿业成为我国有效推动矿产资源开发利用与生态环境保护协调发展的主旋律。为解决目前矿业领域检测技术落后造成的高成本、低效率、环境污染严重等问题,中国科大应用光谱研究实验室创业团队敏锐捕捉到绿色矿山建设的市场需求,聚焦于矿业生产的化学成分实时在线检测的应用方向,基于激光光谱技术,研发出一款新型检测仪器——智能激光诱导击穿光谱仪,利用基于谱学大数据库的AI算法建立数据之间的关联性,实现了对矿物成分快速定性定量分析,取代了人工取样传统检测模式,极大减少了矿业公司化学试剂的添加,减少了尾矿以及尾矿中污染药剂的排放,实现了选矿生产检测过程自动化,用激光守护矿山“绿”底色。

核心团队

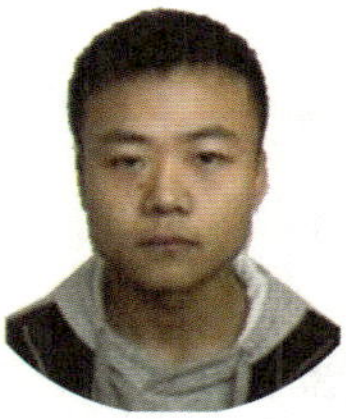

李振振

化学与材料科学学院博士

肖恒宇

赵路远

储汪友

谢鸷

程瑾

创客故事

用激光开启“火眼金睛”，守护矿山“绿”底色

假如你问幼儿园的小朋友一个问题：“激光到底是什么？”脑洞大开的好奇宝宝们可能会回答你：“我知道，是电影《星球大战》的激光剑，还

有奥特曼发射的光线必杀技!”而普通老百姓对于激光的概念,往往也停留在日常生活中接触到的激光打印机、激光近视手术、激光雕刻机等。

其实,激光被称为“最快的刀”“最准的尺”“最亮的光”,它的酷炫不仅仅体现在工业、生物医疗、加工制造等方面的应用,在激光器发明之后,激光应用在物质检测领域中更是大放异彩。

中国科学技术大学物理化学专业博士李振振就是研究激光检测技术的佼佼者。在采访现场,他用一个通俗易懂又极具浪漫的生动比喻,向笔者介绍研究团队的拳头产品——智能激光诱导击穿光谱仪。

“这相当于用激光开启了一双‘火眼金睛’,目光所至,将诱发检测物质产生等离子体团,向外辐射出波长高低不一的特征谱线图,每一种物质就会产生独一无二的材料谱线图谱。这像极了焰火点燃,在夜空中迸发千变万化的火花。”

这意味着,通过识别每一朵独特的火花图谱,李振振的激光检测产品将成为未来化学分析巨星——一种能够提供对几乎任何种类材料成分进行实时测量服务的分析工具。

2019年,贵州一家磷矿龙头企业找上门来,希望解决选矿生产中样品检测的痛点难题,顺应国家发展建设绿色矿山的主旋律。李振振研究团队从此走上一条全新的创业道路,依托激光光谱仪,找出一套以智能化检测取代人工检测的方案,用激光开启“火眼金睛”,守护矿山“绿”底色,脚踏实地做一些对国家、对社会发展有用的事情。

“选择另辟蹊径,欣赏创业道路上的未知风景”

智能激光诱导击穿光谱技术是激光检测领域的热门方向,具有极高的技术壁垒,应用的案例多限于火星探测、深海探测等高大上的国家项目。激光如何应用到民用的矿物成分检测?一款新产品如何从实验室“构想”的概念,直至打造成适应客户和市场需求的“成品”? 这些问题从接到任务的那一天起,就一直萦绕在李振振的脑海里,困扰着他。

面对着从科研跨界到创业的诱惑和挑战,他一遍遍地问自己:“我能行吗?”李振振曾经是一名“驴友”,回想起他攀登过的黄山、华山、玉龙雪山或不知名的山峰,往往选择一些不起眼的小路,就能遇见绝美的风景。

于是他很快冒出念头:“我想试试!”李振振决定不走大部分中国科大学子选择的学术道路,“选择另辟蹊径,欣赏创业道路上的未知风景,感受一步一个脚印带来的成就感”。

“纸上得来终觉浅,绝知此事要躬行。”李振振研究团队花了持续一年多的时间,陆续走进安徽、贵州等地,实地调研考察铜矿、磷矿等矿企,最长在贵州的山区足足待了三个星期。通过这一趟趟的调研走访,一次次不厌其烦的交流,团队成员真切地体验了从开采选矿到冶炼加工的全过程,体会到生产线上检测工人的艰辛,更深刻地认识到绿色矿山建设工作的意义。

调研了几十家矿业和矿区以后，给李振振留下最深印象的是，大部分矿区在山腰处，都醒目地竖立着“绿水青山就是金山银山”的宣传牌，而在选矿生产现场观摩到的现状却让他产生巨大落差，矿业在线检测、自动控制、系统集成等方面落后国外很多。

在一次调研中，当地检测人员一直在抱怨：“原矿石都是含有杂质的，需要先将它研磨、烘干，再用化学试剂一点点测出含这个成分多少、含那个成分多少，得完这个信息再反馈给生产线，通过化学药剂混在一起，才能把里面的精矿筛选出来。”李振振笑称：“这太落后了，等出结果黄花菜都凉了。”

他逐渐有了清晰的想法。他敏锐地察觉到，降本增效是推动矿业向高端演进的关键，激光诱导击穿光谱技术大有可为。利用激光可远程、实时、在线测量的优良特性，完全可以构建一套快速、简单而又准确的检测系统，帮助矿石生产企业解决选矿难题。

“创业如同爬山，总有一段孤独的历程”

历时一年半的调研结束了，这只是创业山峰中的一处驿站，前方是更长的创业路程,也是更有意义工作的起点。

李振振目前所在的实验室一直擅长激光技术的高端仪器开发和应用,自主研发的光纤温度监测系统已成功应用于2022年北京冬奥会,确保了冰壶运动场地的正常运行。另一款分布式光纤振动/声波传感监测仪,成功定位了合肥南站内地埋地热管道漏水点,及时保证了合肥南站空调系统维修和运行的安全。这些都是学校里大学生创新创业大赛的优秀案例。

身处在中国科学技术大学浓厚的创新创业氛围之中,面对着众多同辈"模范生",李振振既感到了压力,也感到了动力。谁不想自己的项目成功入选学校的创新创业优秀案例库?谁不希望能得到导师的肯定,成为中国科大的骄傲呢?

李振振回想起研发任务推进初期的心路历程,他用了"焦头烂额"四个字来概括。那时李振振正处于研究生二年级,毕业的压力迫在眉睫,需要兼顾学术研究的安排,频繁地出差调研,他非常担心连毕业论文都没时间完成。导师也不可能给出明确的解决答案,他感觉到"急也没用,创业如同爬山,总有一段孤独的历程,需要自己一步一步地走"。

相比做科研,创业的烦心事一件不少,"团队人员流动、用户沟通难、产品结构设计复杂,这些全要管"。团队组建初期只能靠自己,需要自己实地去看,去找工人了解工艺流程,去找不同专业的同学反复讨论核心元件、光路搭建和模型设计方案,在短时间内完成技术攻关。当所有事情都积压在一起时,李振振常常有孤军作战的感觉。

研发团队设计的第一版产品样机出炉后就拿到贵州瓮福矿业上线试用,接踵而来的问题连连打击了李振振的信心:样机通上电后,在选矿传送带上嗡嗡作响,简陋的装置外壳四面漏风,大大影响了激光性能的发挥。

装置结构设计需要重新布局,解决震动问题;外壳材质需要换,耐腐蚀、耐低温是关键;壳子造型需要工业设计进行整体优化。李振振的笔记本上密密麻麻地记录下样机的问题点和改进思路。只有对产品每一个细节都掌控到位,才有可能在成功来临的时候抓住机会。

"一个人可以走得很快,一群人才能走得很远"

李振振回到合肥以后,第一时间又回到实验室,经过样机在真实环境的试用,除了已知的问题点外,他收到了很多来自客户的反馈。第一代样机解决了人工取样且制样繁琐的问题,极大地降低了人力成本。但是,等离子体得到的谱线信息太丰富了,会使分析难度增大,离客户智能化、速度快的要求还有距离,只有基于大数据库的人工智能算法分析光谱才具有更加长久的优势。

李振振心里对这款产品的思考越来越多。他酝酿着要把这款激光检测仪器插上"元素、化合物谱学大数据库"和"人工智能"的一双翅膀,打造成实验室的"拳头"产品。

做产品开发不能单打独斗,需要找一些不同专业的人一起合作。李振振的研发团队迫切地需要招兵买马,吸引更多跨专业领域的优秀人才加入。他感慨道:"如果你完整地体验过一次爬山的旅程,就会体会到在旅途中不断遇到有共同爱好的'驴友'一起同行的快乐。在创业的道路上也会遇见一个个志同道合的好伙伴。一个人可以走得很快,一群人才能走得很远。"

此后,不同专业的同学加入研发团队,队伍日益庞大。6名核心成员分工明确,各司其职,充分发挥跨领域交叉融合的优势。每一个成员都拥有一个有趣的昵称。

储汪友,号称"豌豆射手",根据激光诱导击穿光谱,负责产生物质的密码光谱信息。赵路远,号称“光的破译者”,她搭建和维护的元素、化合物谱学数据库是国内首个材料科学知识图谱库。肖恒宇,号称“AI小宇”,通过小宇的人工智能新型算法能进行海量数据处理,极大地提高了分析结果的准确度……

无限风光在险峰,有了各路技术高手的加盟,研发团队一次次突破技术重围,大胆创新,仪器的硬件部分和软件部分开发取得了显著的成果,科研成果(化学机器学习和人工智能)两次被*Science*编辑重点推荐,取得了多项知识产权,并首次在矿业领域LIBS仪器中使用AI分析数据。

“这种感觉就像每次攀登到山顶的时候,心情特别阔朗”

2021年10月,贵州遭遇“变态级”寒潮暴击,多日阴雨连绵。李振振非常清楚地记得那一天,他刚从合肥来贵州出差,只穿着单薄的卫衣出现在瓮福磷矿厂区,他和团队花了两年多心血研发的产品——矿物成分智能激光在线检测仪正等待着客户检验,正式交付使用。

一车车磷矿原石源源不断地通过生产线传送带运送到下一工序,置于传送带上方的智能激光在线检测仪器自动开启了“火眼金睛”,一眼就看穿各类矿石,矿物成分神奇般地实时显示在监控室的屏幕上,在场领导和客户纷纷表示满意和赞许。

作为该产品的主要开发者,李振振此时热泪盈眶。他再三确认,不是被冻哭了,而是看着自己研发的“孩子”真正用起来,并得到客户的认可,发自内心的喜悦与感动。“这种感觉就像每次攀登到山顶的时候,心情特别阔朗。”

创新如逆水行舟,不进则退。产品试用初步成功以后,研究团队已经与多家公司达成了合作意向,具备了一定的市场基础,在浙江安吉开始建设实际的生产基地。谈到毕业后的打算,李振振笃定地回答:“技术为王,创业永远在路上。未来,我们团队将持续发展技术,生产性能优异的产品,树立专业矿业检测仪器生产开发的品牌形象,早一步使自己的产品走向更广的市场。”

项目价值

随着全球“双碳”目标共识的形成,涉及新能源产业所需的重要矿产资源将呈爆发式增长,将带动相应矿产资源消费和需求的高增长。与国外相比,国内矿业领域在线检测、自动控制、系统集成等高端仪器的研发制造明显落后,面临着环境污染、生产自动化水平低等挑战与困难。

矿浆的品质决定着精矿的产出,针对选矿工艺全面实现自动化和智能化生产的巨大的政策支持以及市场应用需求,项目团队及时跟进,迅速成立一支融合物理、化学、材料和信息四个学科跨领域的研发队伍,使用人工智能(artificial intelligence,AI)技术来处理激光光谱学等物理化学问题,走出了一条发挥交叉学科优势的研发新路。研发的基于激光诱导击穿光谱核心技术的高性能分析检测仪器有三大核心技术:激光诱导击穿光谱技术,元素、化合物谱学大数据库,从谱学到物质结构AI的专家系统。

产品的重要创新点主要有:通过高能激光脉冲,诱导样品产生等离子体的原子发射光谱,分析这些谱线的波长和强度分布,获得待测样品中的元素组成及含量信息;在分析过程中依托于实验室打造的国内首个材料科学知识图谱大数据库,实现高精度、低延迟定位搜索及分析对比;突破传统计算方法瓶颈,运用人工智能算法建立材料数据之间的关联性,快速准确地进行在线分析元素和化合物结构,极大地提高分析结果的准确度,摆脱对工程师的依赖,大幅度提高生产效率、降低生产成本。强强融合使产品在矿物数据分析技术、数据准确程度、优化算法和模型指导企业高效生产上具有极大的技术竞争优势。

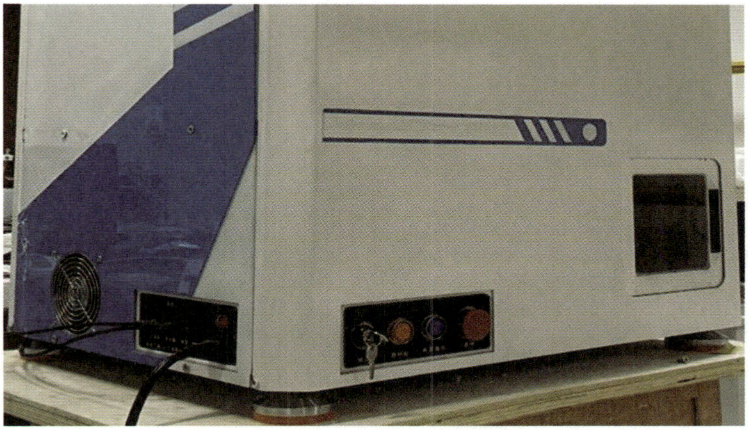

智能激光诱导击穿光谱仪

与目前矿业生产人工取样加实验室分析的传统模式相比,新产品能全方位覆盖选矿工艺全流程,实现自动检测和系统分析,降低成本且提高智能化水平;仪器检测无须复杂制样,提高检测效率;在线检测实现工艺方案智能联动,能有效提高资源利用率。绿色安全的激光检测技术解决了制样复杂、工艺方案难以调整的问题,击中了环境污染的样品检测痛点,将有助于企业降本增效,并进一步推动企业生产加工检测过程向自动化、绿色化和智能化转型,推动矿业生产转型升级,构建资源利用效率高、环境友好、能耗低、排放少的高质量发展新模式。

该款智能激光诱导击穿光谱仪应用市场广阔,已成功在贵州瓮福集团被用于磷矿检测,有效提高了精矿的提炼比例以及尾矿的回收率。下一步,团队将以现有产品为基础成立公司,并进一步完成技术研发、融资、市场拓展,未来有望为涉及化学成分检测的生产加工型企业提供一种新的检测模式,目标是成为面向未来的全球化专业仪器生产商。

访谈心声

主持人:能简要地向大家介绍一下你的创业项目做的是什么吗?

李振振:我们做了一款快速检测矿物成分的仪器。以我们的产品作为载体,聚焦绿色矿山生产的智能化,为选矿提供矿物成分基础数据,推进后续的工艺优化。

主持人:你说的矿石检测,是通过激光检测各种物质成分,现在国家对太空探测特别重视,包括月球土壤的成分探测,这种技术可以实现吗?

李振振:激光检测,也就是以激光诱导击穿的光谱技术,其优点很多,其中一个就是它不挑环境。前两年,我们国家发射的“祝融号”火星车、“发现号”深海潜水器,上面就搭载了基于这项技术的一款产品,进行火星矿物分析和深海探测。

主持人:看来激光检测有无限的可能,既能“上天”,也可“入海”,未来应用的空间可能会更广,物质分析领域前景广阔。

李振振:当然,我们研究的技术要是能参与国家层面“上天入海”的重大项目,肯定会很有意义。但我感觉,从实验室走出来,由基础转向应用,走向市场化,跟企业对接更实在一些。我做产品的时候,是实验室里第一个从学术研究转型技术开发的学生,在这个过程中,我需要去大山里的矿企实地走访,聊选矿工艺、聊市场模式、聊产品需求,感觉非常有社会意义。搭建团队的过程也是一种极大的锻炼,逼着自己去沟通、谈合作,感觉好像每天都能往前推进一步。

主持人:打造产品核心竞争力能让创业团队在市场上更有竞争力和话语权,在目前的产品阶段,你是从哪方面打造核心竞争力的?

李振振:第一,在于快速检测,别的技术目前无法完成这一点。第二,拥有强大的底层数据支撑。用这个仪器对物质进行探测的时候,光谱非常复杂,如果没有实验室数据库的话,无法得到匹配的信息最终是什么物质。第三,大数据与人工智能结合。当我想做很精准的定量分析时,我感觉传统的算法搞不定,想办法去请研究人工智能解析光谱的师兄师妹加入团队研究。

主持人:2019年你们得到目标需求任务以后,花多长时间把仪器做出来的?这个过程顺利吗?

李振振:两年多的时间。过程肯定不会很顺利,非常痛苦。

主持人:痛苦在什么地方?

李振振:痛苦是我感觉走了创业这条路后,发现比走科研的道路更加孤独了。刚开始的时候,特别有种孤军作战的感觉。我是负责人,也是主要技术人,光调研就花了一年的时间,因为签订了合同,脑子里成天思考的是如何短时间内完成技术攻关。在这个过程中,我特别感谢我的导师,不管是学术引导,还是支持我做创业项目,抑或解答人生道路上的疑惑,作为长者,他都会给出非常好的指点。像他说的那样,一个优秀的博士可以涉猎新的领域,敢于挑战学术外的另一种可能。

主持人:你觉得创业给你带来的比较大的改变是什么?

李振振:搞学术有的时候发现思维变得很单一,我要达成一个目标,不管需要花费多少经费和时间,只要能做成,感觉就是有意义的,评价的维度很单一,把人的思维限制住了。创业过程中,人的思想更加多元化,不再是单一的维度。我制作一款产品,真的要把它的性能做到最佳吗?其实并不是,我需要权衡和抉择最适合市场的产品,不一定是性能最好的,可能性价比综合方面最佳的才是最需要的。而在决策过程中,你就可以从很多维度方面考虑,相比科研,思维认知有更大的改变。

青春独白

按常人理解,从学术研究者的身份转变为创业者跨度很大。在中国科大这个平台,有导师和实验室的支持,让兼顾科研和“做产品”、勇敢跨界创业的梦想照进了现实。我所理解的科技报国在不同的时代有不同的意义,我希望走出实验室,与企业“嫁接”,与社会链接,真正把产品研究出来,能够解决问题,用科技的手段做强产业,真正为社会服务。未来,企业会成为中国科技创新的主导。

专家点评

2015年10月,马斯克在清华大学接受管理学院院长钱颖一教授的访谈,在回答如何改变传统思维定式时,他提到了跨界融通,包括跨领域(cross domain)和跨学科(cross discipline)。他说:“一方面,要学习不同学科的知识,考虑能否将一个领域中已有的东西移植到另一个领域。比如汽车和火箭,汽车行业擅长以低成本生产大型复合机械体,汽车如此复杂的东西造价却很低,这很神奇。所以,将这些汽车制造技术移植到火箭会很有用。另一方面,火箭产业特别擅长降低产品的重量,这很重要,因为如果火箭不够轻的话,就永远到不了预定轨道。如果将这些降低火箭重量的设计方法应用到汽车上,就能生产出更轻型的汽车,而汽车重量变轻了,就能够提升续航里程,这就是跨学科问题。"

马斯克强调:"很多创新发明都是跨界成果。我们的知识储备越多,就越能融会贯通。有人精通一个领域而不了解其他领域,如果你能够把不同领域的知识结合在一起,就有机会创造出一些超常的成果,这里有大把的创新机会。我建议在有兴趣的前提下,大家可以学习每个领域的基础知识,然后思考如何将不同领域的知识融会贯通,通过这种方式,很容易产生奇思妙想。"他还指出:"如果我们花时间学习不同领域的核心概念,并且经常把这些概念与日常生活和真实世界相联系,那么不同领域间的移植将变得更简单快捷。"

创业为我们提供的,也许就是这样一种跨界融通的场景。

韦积庆

福建福昕软件开发股份有限公司CTO，
中国科大创新创业导师

我想最重要的是要有敢于创新的想法，不要怕挫折，成功能带给我们很多启发，但更重要的是如何从错误中领悟成功的秘诀。

辨相科技：量子弱测量波前分析仪开拓者

最新研究报告显示，波前传感器在生物医学、测量相机镜头、头戴式显示器、3D打印和自由空间光通信等终端用户行业的应用正在增加。此外，各种空间研究对高分辨率望远镜日益增加的需求推动了全球波前传感器市场的发展。

辨相科技有限公司是一家致力于解决国内波前分析仪领域空白的创新型科技企业，团队依托于中国科学院量子信息重点实验室，通过在产品中引入前沿的量子技术，将量子科技真正带入人们的生产生活。团队基于量子弱测量技术，自主研制出了一款具有更高分辨、更高灵敏度的波前分析仪，其灵敏度比同类型产品高10倍，并实现了核心技术的落地与验证。产品主要面向高校、科研院所、各类光学仪器公司，以其优异的分辨能力、简单易用的设计为波前分析提供了全套的解决方案。

在国内，高分辨波前分析仪市场处于空白领域，没有自主独立研发、销售波前分析仪的公司，波前分析仪的供应主要以代理为主。研发推广具有自主知识产权的国内高分辨波前分析仪，在填补国内市场空白、提高行业竞争力等方面具有重要意义。

核心团队

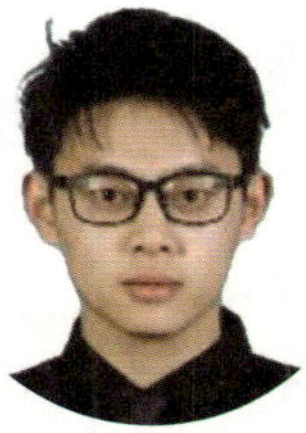

杨木

物理学院博士生

廖昱玮

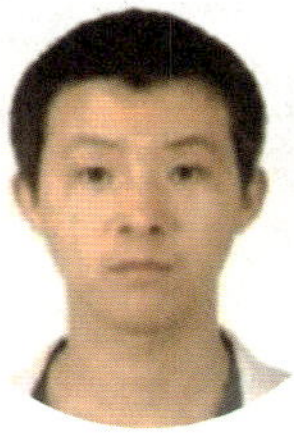

郑逸

王恩惠

创客故事

追　光　者

想象一下这样的场景:在一个超净的实验室中,漆黑一片,亮着的只有各种仪器闪烁的指示灯,以及若隐若现的激光光束。

众多的仪器,数不清的元件……一点细微的变化都会直接影响实验的结果。为了看得清楚、仔细,他们会不时打开头灯照一下。正因如此,有媒体称他们是实验室里的"科学矿工"。只不过,他们探索的并不是宏观世界中的各种矿物质,而是微观世界中的"量子态"。

就是在这个黑暗的实验环境里,以杨木为代表的一群中国科学技术大学的学子正执着前行,探寻着未来的通信之光。他们,是新时代的追光者!

底气:只要涉及光学,都会有“用武之地”

杨木来自中国科大的中国科学院量子信息重点实验室,这位来自四川的男孩已经在中国科大学习和生活了9年,他和小伙伴们基于量子弱测量技术,研制出了一款具有更高分辨率、更高灵敏度的波前分析仪,并实现了核心技术的落地与验证。

俗话说:“内行看门道,外行看热闹。”对于杨木团队研发的量子弱测量波前分析仪来说,即便是外行,也无法“凑”个热闹,因为这个仪器的确有点“冷门”,也过于“专业”。

其实,要想了解波前分析仪,必须首先了解一些光的概念。比如说日常的灯光,人类感受到的是强度和颜色,实际上它还有一个非常重要的信息——相位信息。人类是没法感知到这种相位信息的,但是我们生活方方面面会用到。“我们戴惯了近视眼镜,在取掉眼镜之后,看东西为什么会模糊?就是因为光进入我们的眼睛以后,眼球晶状体由于过度使用,对光就不会有很好的成像,这时候我们需要通过眼镜把相位的误差校准。我们研发的仪器就是一种可以直接探测到光的相位的仪器。”为了把产品介绍得更直接、更明白,杨木继续做了解释:“我们配近视眼镜的时候,首先要验光,实际上就是看你眼底的相差是多少,这里面就会用到相差分析。但是,现在的眼镜是比较粗略的相差校准仪器,我们做的这个产品,理论上可以做更精密的‘眼镜’,让你看得更清楚。”

当然,这只是杨木为了让我们听明白而举的一个通俗易懂的例子,如果就此认为量子弱测量波前分析仪仅仅使用在配眼镜上面,似乎是“大材小用”了。按照杨木的说法,量子弱测量波前分析仪的用途和应用领域非常广泛。“比如用到光学通信上,当有相差的时候,它就传不远,我们把这个误差探测到,通过校正器把光的误差校正,使其可以传播得更远。观测星空时,透过大气层,我们会看到星星一闪一闪的。我们可以通过波前分析仪把相差分析出来,做一个校正,这样看到天上的星星更加清晰,这是天文方面观测的应用。”

医疗、通信、天文甚至包括军事,只要涉及光学,杨木团队研发的量子弱测量波前分析仪就会有“用武之地”。这就是“追光者”杨木的底气所在。

骨气:自主研发,做国际上独树一帜的产品

量子弱测量波前分析仪被定位为一款科学仪器。杨木说,实际上这个仪器是他们实验过程中的一个“副产品”。“我们在实验过程中会用到各种光束来进行研究,如果光束质量不好的话,我们得到的结果就非常不好,因此我们设计了这款产品。”

这款科学仪器不仅自己的团队在实验室使用,还可以销售给高校同

行甚至一些精密仪器公司，杨木坦言这也是“意外之获”。

目前，在国内，高分辨波前分析仪市场仍然处于空白领域，没有自主独立研发销售波前分析仪的公司，商用型分析仪主要依赖进口。而在国外，这种技术已经比较成熟，但是，通过在产品中引入前沿的量子技术，利用量子弱测量原理来做，将量子科技真正带入人们的生产生活，杨木团队的成果毫无疑问是独树一帜的，在国际上“仅此一家，别无分店”。

而这，恰恰是作为中国科学技术大学学子的骨气所在：科技创新，走自主研发之路，努力不再被“卡脖子”。

“独树一帜”是独辟蹊径，更是优势所在，杨木和他的团队首次将量子测量技术用在波前分析领域，实现了弯道超车，在多项指标上超越同类型产品。“最大的优势就是它的分辨率和灵敏度是超越性的。我们的产品是目前唯一一款达到像素级采样率的波前分析仪，灵敏度是同类型产品灵敏度的10倍。”杨木说，人类的思维在不断提升，技术在不断进步，随着后续的发展，他们可以更好地提高仪器产品的稳定性，并且不断发展应用于其他领域的具有良好性能的光电产品。

志气:做中国高分辨波前分析仪的开拓者

杨木团队的名字是辨相科技。辨是分辨、辨别,相是相位。目前团队的4名核心成员全部来自量子信息重点实验室,长期从事基于弱测量方法的光学精密测量研究,在核心技术上有着扎实的理论及实验基础的支撑。

"让我们的量子技术超越传统的经典技术,辨相科技要做中国高分辨波前分析仪的开拓者。"这是杨木团队提出的目标,也是他们的志向。

目前,公司已经与多家企业达成了合作意向,签订了企业合作意向书,获得了行业的初步认可,为公司的未来发展打下了良好的基础。但是,"罗马不是一天就能建成的",摆在杨木面前的还有很多问题需要解决。一个最直接的现实就是,在外场非常不稳定的环境下,量子弱测量波前分析仪并不如传统的仪器效果好。"如果有一天我们的仪器能够完全超越它的时候,这款仪器才能称为比较有竞争力的仪器。"杨木说。

更为关键的是,虽然他们研发的量子弱测量波前分析仪有了一些应用,得到了一些高校、企业的反馈,甚至青睐,但是,如何把科研产品变成市场商品真正推广出去,还有一段漫长的路要走。杨木坦言,尚在读博的他当下主要任务还是学业,科研是他的特长,至于今后是否创业目前还是个未知数,"我还是想沉淀起来做科研,因为毕竟这个产品还很单一,我觉得我应该找到更加明确、长远的规划以后再考虑创业"。但是,无论今后创业与否,杨木说,量子弱测量波前分析仪是他们的一个"孩子",团队会不断地去努力、优化,最终实现超越。

"路虽远,行则将至;事虽难,做则必成。"追光者,无惧未来,因为他们心中有光!

项目价值

根据美国权威机构Transparency一份最新的报告，波前分析仪市场在2020—2031年预计以20.4%的年复合增长率增长。2031年的收入规模将从2020年的53.615亿美元增至400亿美元。

随着技术的提升，各行业对波前分析仪的分辨率、灵敏度、响应速度的要求越来越高。一款优质的波前分析仪可以运用于多个领域，并推动相关行业发展。团队将量子弱测量技术应用在了波前传感领域，结合哈特曼波前复原算法，研制出了具有像素级分辨能力的波前分析仪。项目主要涉及弱耦合与复原算法构造、相位调制、后选择与投影测量等实验手段和方法。

量子波前分析仪产品内部器件包括半波片、弱测量晶体、1/4波片、偏振分束器和阵列光强探测器。入射光束依次经过以上器件最终被阵列光强探测器接收，可探测得到包含水平波前梯度信息的光强分布；将弱测量晶体旋转90°，可以测量得到包含竖直波前梯度信息的光强分布。将包含水平、竖直信息的光强分布输入波前复原软件中，可复原出光束波前分布。该产品具有以下特点：

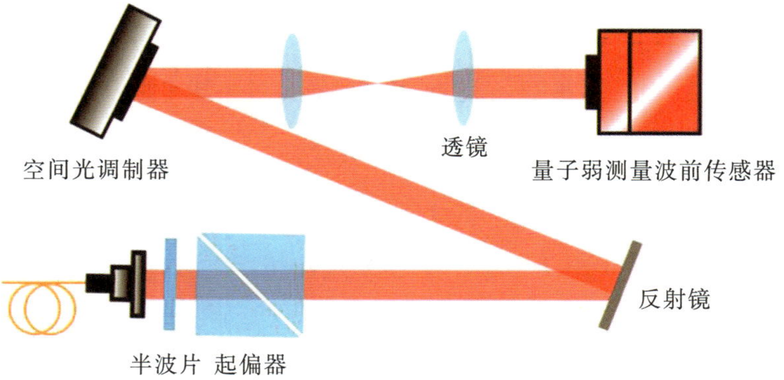

测试光路

装置小巧,紧凑性高:通过巧妙的设计,将装置压缩成为了一个手掌大小的仪器,方便用户集成以及二次开发。

量子弱测量波前分析仪实物图

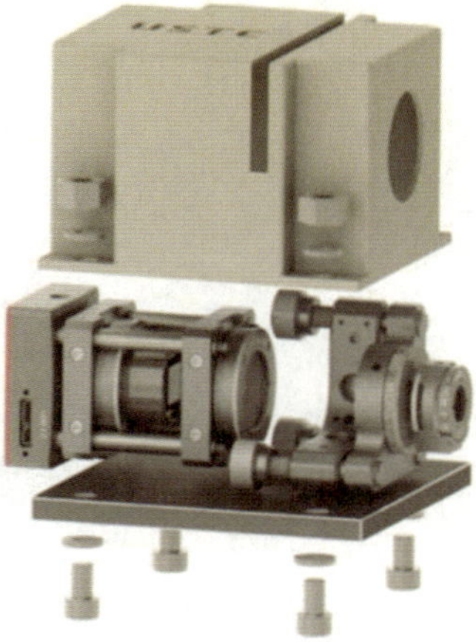

量子弱测量波前分析仪结构图

高分辨率/采样点:可达像素级的分辨率,采样点数为1024×1024,远大于哈特曼波前分析仪(128×128)以及四波前横向剪切干涉仪(500×500)。

高灵敏度:灵敏度可达0.2 nm,是哈特曼波前分析仪以及四波前横向剪切干涉仪的10倍。

高处理速度:基于哈特曼波前复原算法,处理速度可达MHz级别。

此外,该分析仪在原理上实现了突破,与传统波前分析仪不同,该分析仪动态范围与精度并不取决于阵列衍射元件密度,而是受限于弱测量晶体厚度以及光电探测器的灵敏度,可以通过降低弱测量晶体厚度以及增加光电探测器的灵敏度来提升该波前分析仪的性能,从而不断进行产品迭代。

主持人：有一个报道把你们形容为神秘的“科学矿工”，就是用你们的仪器可以发掘“宝藏”。

杨木：因为我们实验室是做光学的，实验是在黑暗中进行的，这些光会影响实验结果。在做实验时，我们头上要戴一个头灯，要移动物体的时候，就打开调整一下，测量的时候就要关掉灯。

主持人：你们这个项目成为创业项目几年了？

杨木：如果从论文发表开始算起，有两年多了。

主持人：从论文发表完到制成仪器花了多长时间？

杨木：大概一年半。我们把它从一个很大的实验系统，慢慢缩小成一个小盒子，大概用了一年半的时间。

主持人：在创业和科研过程中，你觉得比较痛苦的事情是什么？

杨木：我觉得这个得分开说，创业期间遇到的问题和科研期间遇到的问题还是有区别的。科研过程中,遇到问题可能好几周都解决不了,实验推进不下去,时间久了就很折磨,遇到所谓崩溃的时候,多多地去找懂的人沟通,尝试去讨论。创业的过程中,我觉得这种冲击是科研和商业的冲击,我们认为很牛的东西别人压根不在乎,包括之前每次路演的时候,底下评委提的问题也很刁钻,不留情面,感觉自己做得很好的东西被他们质疑。

主持人:两者的评价体系不一样,这种转换对你来说不容易吧?

杨木:比如我在科研领域答辩的时候,他们说你这种技术怎么怎么样,但是在路演的时候,直接会问你这个有什么用,这两种不同,当时我第一次做创业项目的时候,还是觉得很不适应。我记得第一次去参加"青春杯"比赛,直接被问懵了,第二年再次参加时总结了一下,懂得从投资者、从评委角度考虑问题。这个过程对我有很大促进。我个人比较偏向做技术、做科学,在这一过程中,容易沉浸到自己的世界中,做一些自己认为厉害的事情,而忽略了本身应用场景的感受,这对创业的项目是一个大忌。

主持人:科研实验难免要经历一次次的失败,困难的时候你有什么独特的解压方法?

杨木:最好的解压方法就是把问题解决掉。如果遇到确实解决不了的问题,可以考虑换一个思路,做一点其他的事情,比如说跑跑步,当然这是身体上的,先耐心一点,自我安慰一下,不要急着做某些事情。

主持人:你如何看待科研?做科研最快乐的事情是什么?

杨木:本质上来说,我觉得自己科研做得好不好,不应该作为自己内心的一个天平,不应该完全依赖获得的成就来评价。比如我现在做科研最快乐的事情,就是我煎熬好几个月,一个问题解决不了,但是当那个问题解决的那一刻,就会觉得这是一种无与伦比的快乐,这种快乐是任何东西都替代不了的。

主持人:有种豁然开朗、天地同宽的感觉吧！一定很有成就感、满足感,是不是?

杨木:这种状态物理世界确实是可以预测的,这种感觉是非常充实内心的。就像我们做物理研究的,是能够发现物理世界的美的,你会发现你做了一个很复杂的计算、推导,这个世界它的运行规律恰好跟你预想的一样。

主持人:你科研的梦想是什么?

杨木:更宏大的梦想是自己做的东西能够改变这个世界。让我们的量子技术超越传统的经典技术,达到这个状态是我们一直以来追求的目标。

青春独白

科技是第一生产力,青年也是科技的生力军,对我们来说,应该把握好国家给予的机会。像我们老师平常跟我们说的一句话:个人的命运要和国家的命运绑在一起,自己才能有所成就。我们现在做的东西是国家需要的东西,是对国家有益的东西,我们也将在这个过程中奉献自己的青春,至少在以后度过我们最宝贵的青春年华之后,我们自己也无怨无悔。

专家点评

该项产品是一款科学仪器,且在项目负责人杨木看来,这个仪器还是他研究实验过程中的一个“副产品”,“我们在实验过程中会用到各种光束,如果光束质量不好,实验结果就非常不好,因此我们设计了这款产品”。没想到的是,这款仪器不仅自己在实验室使用,还得到了高校同行和一些精密仪器公司的青睐,项目人坦言这是个“意外之获”。

其实,很多技术应用往往看起来都是科学研究的副产品,人类往往无法预测某项科学能不能转化成技术,也无须刻意追问科学的实用责任,伟大的科学家永远是为了探索世界的终极问题。但在探究终极问题的过程中,许多基础研究被“偶然”转换成了技术应用。比如爱因斯坦的相对论为原子能技术的应用提供了理论基础,生命科学领域的基因编辑研究也可能在人类疾病诊治中得到非常有效的应用。这个“偶然”就是科学与商业的共通之处。

商业与科学的根本出发点是一致的,都是为了解决世界的某些问题。科学家试图解决终极问题,企业家则关注应用场景中的问题。

科学家们往往抱着最纯粹的心态开展工作,他们可能在孤独中探索着当今世界的未知,甚至去寻找对世界本源等深层次问题的解答,只有这样的科学家才能够创造出真正的伟大成就。

成功的企业家和优秀的科学家一样,都对原创精神有一种执念。真正卓越的企业家面对众多基础研究成果,另辟蹊径找寻科学研究的“副产品”,思考符合应用场景的创新,创造出全新的商业模式和技术模式,重新定义和打造一个全新的行业。

副产品的存在,更深层次地彰显了科学研究的价值和意义。

闫立峰

中国科学技术大学化学与材料科学学院党委书记兼副院长,中国科大创新创业导师

基础研究是创新的源泉,也是科技成果转化的根本,同时基础研究也要扎根于未来的应用场景,而不是空中楼阁。

电磁屏蔽材料:电磁辐射的健康卫士

当今社会,生活中快速增加的电子设备给我们的生活带来了便利,但也带来了无处不在的电磁辐射,导致严重的电磁环境污染问题,危害人类健康。因此,开发高性能电磁屏蔽材料,市场前景广阔。

现有的电磁屏蔽材料多为金属材料,其受制于密度高、电磁屏蔽效能低、耐腐蚀性差等问题,难以满足日益增长的电磁屏蔽需求。

本项目基于中国科学技术大学俞书宏院士团队最新研发的一种高性能双网络电磁屏蔽抗冲击结构材料,对提取自天然木材的纳米纤维素复合碳纳米管结构单元进行精细的结构设计和微纳调控,在国际上首次研发了一种具有均匀致密双网络结构的高性能双网络电磁屏蔽抗冲击结构材料。纳米纤维素和碳纳米管这两种一维的纳米纤维互相缠绕和搭接,在三维空间中形成了大量纳米级的节点,大大增加了对电磁波的耗散和吸收。

目前,国内自主研发生产的电磁屏蔽材料品种少、同质性强,与国际公司3M以及莱尔德科技等有不小差距。尤其是高性能的电磁屏蔽材料,主要依赖进口,价格昂贵,有些对我国还禁运。本项目组希望通过提升自主研发能力,开发出高性能的电子屏蔽材料,为国家解决“卡脖子”问题。

核心团队

杨昆鹏

化学与材料科学学院博士生

钱云潇

谢松

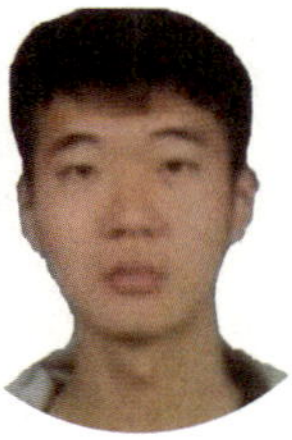

陈晗

创客故事

5G时代,电磁屏蔽材料有何新机遇?

电磁屏蔽材料,守护现代人健康

杨昆鹏带来的项目是一款新型电磁屏蔽材料,他们的企业愿景是做电磁辐射的健康卫士。

一聊到电磁辐射，笔者立刻联系到日常生活中的困扰，赶紧向杨同学虚心请教：“我一直想搞清楚，咱们晚上睡觉，把手机放在枕头边，到底有没有辐射？有些人会拒绝在卧室放任何电子产品，那样对身体真的更好吗？”

杨昆鹏笑着说：“如果这些电子设备里面没有做电磁屏蔽的话，其实辐射还真的挺大。不知道您还记不记得，咱们小时候技术不是特别发达的时候，如果一部大哥大来电话，旁边正好有电脑或电视时，屏幕都会抖得特别厉害，就是因为短时间内功率会上升得非常快，建立通信时，电磁波的辐射强度还是比较大的。但现在咱们手机都放在身边，来电话时电脑屏幕是没有任何反应的，这就是因为设备里加了非常多的电磁屏蔽材料，尽量减少了辐射。”

杨昆鹏介绍，其实基本所有的电磁设备在运行时或多或少都会释放电磁波。小到厨房里的一个微波炉，大到通信基站，都会释放电磁辐射。之所以现在大家对电磁辐射的感知没那么强烈了，是因为国际上早对电磁辐射做出了具体的标准要求，现在的手机、电脑及其他电子设备上，都用到了非常多的电磁屏蔽材料，能有效使辐射值降低到对人类健康不构成影响的水平，也尽量减少对环境的电磁污染。

但随着各种电子设备的更新迭代，功率也在越来越大，因为只有这样，才能满足5G通信的要求——包括更快的运行速度、更高的通信频率，释放出的辐射强度也越来越高。

在这种情况下，传统的电磁屏蔽材料已渐渐难以满足现有的电磁屏蔽的需求。要达到同样的屏蔽效果，要么用成本更高的电磁屏蔽材料，要么用到的量加大。而且除了日常生活中对电磁屏蔽材料需求不断提升，国家层面的军事领域、航空航天科技等，对高性能电磁屏蔽材料的需求也是越来越大。

据BCC Research的预测，全球EMI/RFI屏蔽材料市场规模从2013年的52亿美元增加到2018年的70亿美元，预计2023年达92.5亿美元。随着电子设备与器件的不断增加与发展、信息化的不断普及，对电子屏蔽材料的要求也会逐渐提高，新型高性能电磁屏蔽材料，必将迎来更大的发展机遇和更加广阔的市场。

5G时代，对电磁屏蔽材料要求更高了

传统的电磁屏蔽材料大多是金属基材料，这类材料受制于较低的电磁屏蔽性能和较高的密度，难以满足更高电磁屏蔽性能和轻量化要求。近年来，也出现一些聚合物和导电填充剂的复合材料，虽有较好的电磁屏蔽性能和较低的密度，但最大的缺点是耐腐蚀性差、耐热性不高、力学强度低，限制了其应用场景。

如何制备出高电磁屏蔽性能的电磁屏蔽结构材料，在业内仍是一个巨大挑战。

杨昆鹏现在是中国科学技术大学化学与材料科学学院的博士研究生，长期在俞书宏院士课题组参与纤维素基复合材料的研发与创制。杨昆鹏和团队基于实验室长期的纳米材料以及仿生材料相关的经验，通过对纳米纤维素以及碳纳米管进行多尺度的微纳调构和结构

设计研发出一款新材料,可满足多场景、多形式的应用需求。

杨昆鹏介绍说,他们的产品中,最主要的一种原料就是纳米纤维素。纤维素大多来自植物,像树木里就有各种纤维素。杨昆鹏所在的实验室对纤维素的研究,有较多的经验基础和时间上的积累,独创出从天然植物里,通过温和的、没有污染排放的手段高效提取纤维素材料的方法,且提取得到的纤维素是以纳米纤维的形式存在的。这种纯天然原料,强度却高于不锈钢、铝合金这些常见金属材料,让人不得不惊叹大自然的神奇。他们这款新型仿生结构材料,同样具有质轻、高强度、可延展,抗冲击性强、热稳定性好等优异综合性能,密度只有钢铁的六分之一,强度却是铝合金的两倍。

这款材料最与众不同的核心点,一是它的电磁屏蔽性能非常好,二是材料形式扩增到材料体系,可满足更多场景及更多形式的应用。

随着大数据、云计算、物联网及人工智能等的快速发展,电子产品也是在不断推陈出新。我们普通消费者只是对拿到手的产品要求更高、更快、更小,殊不知,这对电磁屏蔽及导热行业的要求也越来越高。特别是随着5G手机的普及,基站功能的升级,产品朝轻量化发展,元器件增多、集成度提升、内部空间越来越狭小,但5G产品的功耗大约是4G产品的2.5倍,元器件产生的电磁干扰也相对增长,这些都倒推电磁屏蔽方案必须快速升级。

过量的电磁辐射会对人体健康造成一定影响。电磁环境污染,已被认为是继大气污染、水质污染、噪声污染后的第四大环境公害。因此,如何更好地控制电磁环境,开发高性能电磁屏蔽材料,在杨昆鹏看来,既是利国利民的大事,也是他们作为科研工作者的社会担当。

越重要越谨慎,这也是新事物成长的不易

人类已进入电子化时代,上到大气层外的航空航天科研,下到手指

上的一支血氧仪,样样都和电子分不开。

杨昆鹏说,电动汽车和数据中心等新兴领域的快速发展,也为电磁屏蔽领域带来新的增长点。

杨昆鹏说,电动汽车的某些热点问题,有时很可能就是电磁干扰造成的器件失灵。“汽车在运行过程中,里面有些部件的温度会升得比较高,或者短时间内一些设备、电流、功率比较大,一根导线通电时都会产生电磁波,所以在研发电动汽车的过程中,对各种各样电磁波的防护是很重要的,但凡有一小部分没做好,电磁波泄漏,很可能会导致刹车系统识别有误,造成严重后果。”

比亚迪汽车自称是“新能源汽车领导者”,在官网上列举的品牌优势,除了刀片电池、DM混动、智能网联系统等,也强调了自身在电磁兼容性方面的优秀与安全性。

杨昆鹏介绍,国内很多新能源汽车品牌,关键部位都用到了非常高端的电磁屏蔽材料,而这些材料基本靠进口,有些是原料进口、国内加工,成本非常高。“我们的材料技术一旦成熟并投入使用,一方面成本更低,也能提供更好的防护,更为重要的是,具有完全自主的知识产权。现在智能汽车通信发展越来越快,对电磁屏蔽的要求也越来越高,打破国际垄断,实现完全自主的国内替代,也是我们的梦想。”

但这一梦想的实现,还需艰苦的跋涉。

杨昆鹏说,在产业化进程上,他们大概已经做到前四分之一。对于纳米纤维素的提取,在实验室有了非常大的突破,目前已可以实现吨级生产,解决了一些关键性问题。

但即使所有技术都成熟,市场端是否接受一种新材料的介入,也是一个很大的挑战。“产业都有非常成熟的供应链,可能会一直涨价,但还是能满足生产的需求。像我们这种全新材料,做的又是这么重要的电磁防护领域,在生产过程和实际使用过程中,会不会遇到各种意想不到的问题,是企业最担心的。如何与企业联系沟通,团队能否成功分析用户痛点,沉淀出属于自己的方法论,对我们来说都是非常大的挑战,也是以后要面临的难题。”

确实,科研是科研,生产是生产;情怀是情怀,生意是生意。越重要的领域,企业的选择越谨慎,这也对他们提出了更高的要求。

电子专用材料制造行业,是支撑国民经济和保障国家安全的战略性、基础性和先导性产业,其发展程度也是一个国家科技发展水平的核心指标之一。近年来,国家将信息技术和电子专用材料制造确定为战略性新兴产业之一,大力支持其发展,也是为了解决我国高科技行业“卡脖子”的难题。

希望以杨昆鹏为代表的这一代材料科研人员,能砥砺前行,用全新的技术路线,开发出全场景电磁屏蔽材料,提高中国电磁屏蔽材料的产业化水平。

项目价值

本项目是基于中国科学技术大学俞书宏院士团队最新研发的一种高性能双网络纳米纤维基电磁屏蔽抗冲击结构材料。该材料电磁屏蔽效能远超传统的电磁屏蔽材料和文献所报道的其他新材料，且密度不到钢的六分之一，比强度高于陶瓷、钢铁和商用铝合金。

基于仿生理念设计的致密且精细的双网络结构，赋予了该材料电磁高屏蔽效能、质轻、高强度、高韧性、抗冲击性强、可延展、热稳定性好等优异的综合性能。

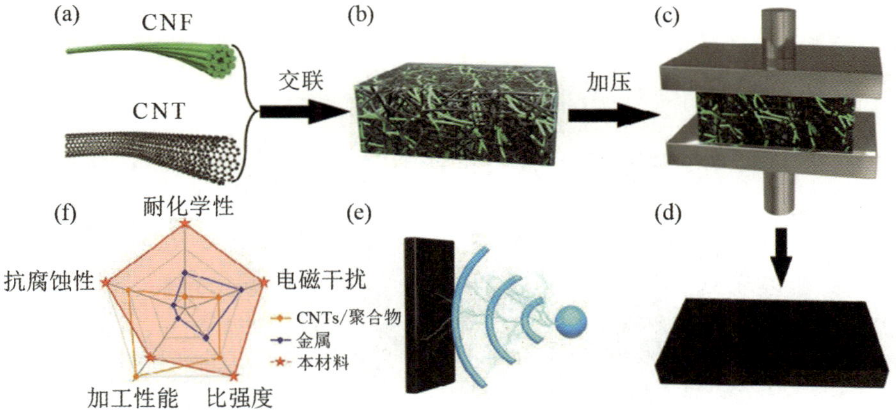

高性能双网络电磁屏蔽抗冲击结构材料的制备示意图

该材料可通过简单的锻压生产线进行大规模制备，并且根据实际应用场景的要求，定制电磁屏蔽结构材料，如建造电磁屏蔽方舱，用以屏蔽方舱内部的电子设备发射出的电磁波或者屏蔽外界的干扰电磁波，并且可以起到高效的防物理冲击的作用，在新能源智能汽车的电磁兼容性能的提高、通信设备的电磁环境控制、军事电子设备的电磁信息保护，以及航空航天器的电磁干扰防护等领域均具有重要的应用前景。

进一步地调控纳米纤维之间的多重弱相互作用，创造性地引入了仿生策略,创制出了新型全场景电磁屏蔽材料。得益于仿生的设计,除了构建出轻质高强的高性能纳米纤维基电磁屏蔽结构材料,面向不规则结构、便携式设备和紧凑型设备,发展出在各种基材上牢固附着的太赫兹电磁屏蔽特种材料。

仿贻贝机理的仿生设计的引入,不仅进一步使电磁屏蔽效能提高到100 dB以上,将电磁波衰减至十万分之一,而且和底物之间提供了强烈的分子间相互作用,极大地拓宽了本材料体系的使用场景,与高性能纳米纤维基电磁屏蔽抗冲击结构材料实现应用上的有机耦合,有望提供全场景、定制化的电磁屏蔽解决方案。

访谈心声

主持人:您这个创业项目在行业内有什么优势?

杨昆鹏:我先说一下背景,随着电子设备的增加以及通信技术的发展,我们生活中的电磁污染问题是日益严重的,所以开发高性能的电磁屏蔽材料至关重要。然而,目前在高性能的电磁屏蔽材料领域,主要还是由国外大牌厂商垄断。为解决"卡脖子"问题,我们团队在国际上首次创造出高性能多场景的纳米纤维基的电磁屏蔽材料,它的电磁屏蔽性能处于世界领先地位。

主持人:这项技术的核心点是什么?

杨昆鹏:我们项目的核心点,是基于我们实验室长期的纳米材料及仿生材料相关的经验,通过对纳米纤维素以及碳纳米管这两种纳米纤维进行多尺度的微纳调构和结构设计,让材料可以满足多场景、多形式的应用需求。我们项目与众不同的核心点,一是它的电磁屏蔽性能非常高;二是它的材料形式可以扩增到材料体系,能满足更多场景及更多形式的应用需求。

主持人:能具体解释一下吗?

杨昆鹏:我们对一个设备进行电磁管理来减少电磁污染问题时,可能会用到多种形式的电磁屏蔽材料,比如可能用到电磁屏蔽的薄膜、电磁屏蔽的涂层以及电磁屏蔽的多孔材料等,从而满足不同电磁屏蔽需求和设备需求。在我们的材料体系里面,这些材料形式及材料性能,都是可以做到的。

主持人:原来,你们这是一项"百变金刚"项目。现在这种材料是在实验阶段,还是已经到达产品阶段了?

杨昆鹏:这种材料源于2021年我们在国际顶级纳米材料期刊上发表的一项研究成果。后来我们对材料进行了一年多的孵化和完善,在其兼具高强度和高性能的基础上又进行了扩充,形成了基本的电磁屏蔽材料体系的雏形。目前这个阶段,比实验室阶段又往前推进了好几步。

主持人:看你的路演材料上说,目前跟军工企业也有沟通合作,这种材料未来会用在预警机上还是雷达上呢?

杨昆鹏:我们这种材料的形式在演变过程中,也是听取了军工企业的意见,他们最开始提出的需求是希望能用在雷达上,相关领域能够获得非常高的电磁屏蔽效能,最好对极端环境能有非常好的耐受性。传统的金属屏蔽材料,因为密度太大,对整体设备重量有非常大的影响;另外,传统的聚合物材料对温度非常敏感,比如塑料屏蔽材料对很多实际应用场景并不太友好。而我们这款材料,重量比金属要轻很多,性能也比传统金属聚合物材料更好;而且适用的温度宽泛,在零下一百多摄氏度到零下两百多摄氏度的环境下,我们的材料环境性能也是高度稳定的。

主持人:据我了解,比如雷达的应用场景,经常会遇到极端低温,有时会在沙漠里,有时会在海洋上,还得考虑海水的腐蚀性,这种材料也都能解决这些问题吗?

杨昆鹏:目前这些问题对我们而言都不是问题,这也是我们材料最大的优势。并且在之后的研发过程中,也会重点关注特殊环境的需求。

主持人:你这个产品总不会没有缺点吧……

杨昆鹏:在性能、材料形式上的领先,是它最大的优势,但最大劣势可能也来源于这部分。我们的主要原料纳米纤维素,虽在科研界研究得比较多,但在应用领域还属于一种全新的材料形式,如果之后进行大规模生产,还需全新的技术路线,要解决各种工艺上的问题,这些都是挑战。

主持人:从实验室做出新的科研成果本身就很困难,再从实验室到工厂大规模生产,又需要跨越一大步。

杨昆鹏:是的。目前,世界上对于金属加工及塑料加工,有非常成熟的生产体系。对于我们这种新材料,从原料提取到之后的大规模生产工艺,每一步都充满挑战。其实在我们中国科大,很多基础及技术研究想转化到实际应用,都会面临这样的挑战,很多材料多个方面先进性较强,导致它在实际生产过程中要面临的难题相较于传统材料反而会更多。

主持人:所以,从创新到创业,是个不断磨炼心性的过程。畅想一下,有一天你们的产品真的大规模应用了,你们做成了中国的"3M公司”,你个人也财富自由了,这时候最想做什么?

杨昆鹏:如果我们的材料能真正实现产业化,为国家做出贡献,财富自由后我想做的第一件事,就是希望能回馈科大。因为这个项目无论是做科研,还是今天探讨的产业化创业,整个过程都得到了中国科大非常多的帮助。如果有机会,我希望能对母校整体的科研及创新创业做出力所能及的支持。中国科大的基础研究是非常强的,我也希望看到更多先进成果的转化,用科技进步来造福国家、造福社会,是我最希望看到的事。

青春独白

我本科就是在中国科学技术大学就读的,这么多年过去了,谈起母校,还是非常自豪的。中国科大在基础研究方面的能力及硕果,在全世界范围内得到了高度评价。

现在国家提出了“科技强国”战略,个人认为,中国科大有众多人才,大家不仅要专注实验室里的科研学术工作,也要与国家及安徽的区域规划相结合,将自己的科研成果与国家发展、区域发展相结合,才能加快科技强国的建设。作为中国科大的青年创业者,有机会将研究成果实现转化,尝试解决产业界面临的重大挑战和难题,为国家和人民做出点贡献,我是感到非常幸运和自豪的。说实际一点,如果能把手头这个项目一步步推进下去,真正实现产业化,我觉得,这就是我对“青春报国”四个字最好的践行。

专家点评

随着创新活动不断深入,建立涵盖研究机构和产业链的联动创新体系已经迫在眉睫。基础研究的创新成果转化需要现有产业体系的匹配。

基础研究成果越先进,对现有产业体系的联动要求就越高,建立联动创新体系的必要性也就越高。

涵盖研究机构和产业链的联动创新体系是一个复杂的系统,因为存在多个主体共同参与。联动创新是指从产业链的角度出发,以市场为导向,以产业链上现有企业技术创新能力为基础,以提高产业链整体竞争力为目标,通过产业链上企业与企业或企业与其他相关机构合作,实现从新设想的产生到新产品的生产之间的一系列活动的总和。

联动创新不仅可以有效提高产业链对于先进基础研究成果的“消化”能力,还能够促进沿产业链的纵向协同创新。这种创新也称链合协同创新,是指企业与产业链中包括供应商、分销商、零售商在内的上下游企业紧密合作,吸引合作伙伴参与企业的新产品研究开发,建立信息共享机制,通过上下游企业间的技术转移,有效地运用合作伙伴的经验和专门技术,扬长避短,带动整个产业链的创新,达到缩短新产品开发周期、降低开发风险、提高企业核心竞争力的目的。

链合协同创新主要集中在产业链上中游企业,即在整个产业链的原材料创新、零部件创新和产品创新阶段。链合协同创新既可以是上游企业同中下游企业中的某个企业合作创新,也可以是与中下游的多个企业同时进行合作创新。链合协同创新主要以合作为主,可使产业链上各个企业之间的技术联系更加紧密,产品供应的依赖性更强。

从产品的生产过程看,产业链上下游企业之间是供求关系,上下游企业为减少自己的市场风险,上游企业希望生产出来的产品被较多的下游企业选择,下游企业也希望有稳定的高质量的产品供应。因此,上下游企业技术“链合”联动协同创新,能起到共担市场风险的作用。同时,产业链上下游企业进行协同创新,会纵向自动延伸或缩短产业链,整体提高产业链创新能力,进而实现产业链现代化的目标。

王荣钊

合肥国家大学科技园发展有限责任公司总经理，

中国科大创新创业导师

在创新的基础上，创业需要一片生态，一颗树苗只有在一片森林中才能长成参天大树。

计算机模拟:构建中国“最强大脑”

目前产业常用的还是试错性的研发模式,就是通过不断做实验进行排除的方法,需要花费大量的人力、物力和时间成本。随着计算机性能的不断提高,计算机模拟辅助新材料、新药物的设计将成为未来趋势。既然人工智能可以下围棋战胜人类,图像识别人脸可以自动驾驶汽车,那么科学计算也一定可以用于药物、材料之类的产业研发。计算机模拟是一种全新的产业研发模式。

本项目致力于使用全新的产业研发范式,发展科学计算软件,通过计算机辅助设计,根据分子、材料的性质进行建模,模拟其性质,从而辅助设计出新分子、新材料。这一技术有望促进研发过程中的观念改革,提高研发效率,节省物料、人力等资源。

本项成果的成功研发将辅助传统的试验试错性模式设计新材料、新药物。计算机的辅助模拟是一种低成本、高效率、可多种结构同时进行的解决方案,使新能源材料研发、药物分子研发的速度加快,并随着计算机硬件手段的不断发展有不断发展的空间。

本项目所发展的分子动力学模拟手段，不仅可以解决物理化学上的问题，也可以用于设计材料、药物分子等，解决试验试错性模式的长周期、高花费的问题，加速研发过程。

核心团队

焦诗哲

合肥微尺度物质科学国家研究中心博士生

李杰岚

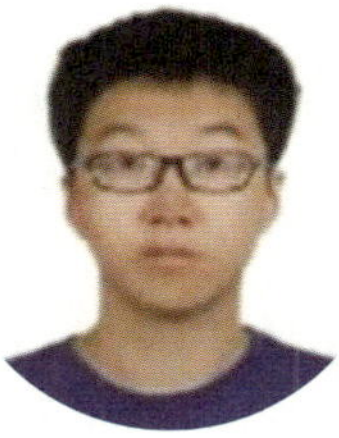

万凌云

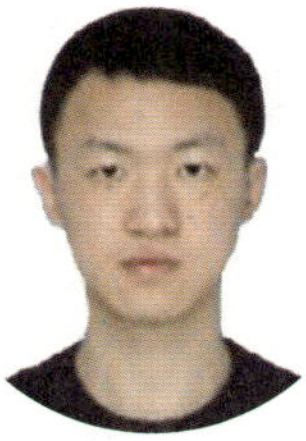

姜庆彩

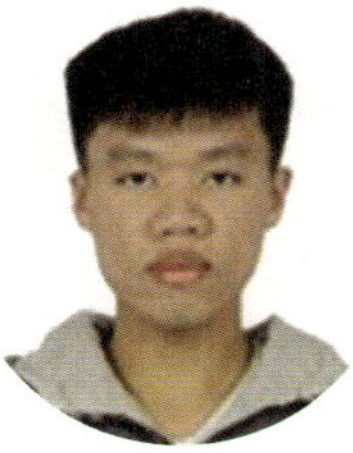

冯俊维

吴文挑

STORY 创客故事

助力“中国制作”走向“中国创造”

人类的全新时代会是什么样?

2023一开年,ChatGPT横空出世,火出圈。有人让它帮忙写论文,有人用它写代码。

2022年最火的概念莫过于元宇宙(Metaverse),是一个人类运用数字技术构建的、由现实世界映射或超越现实世界、可与现实世界交互的虚拟世界,具备新型社会体系的数字生活空间。

虽然大部分普通人还只是把这些“新玩意”当成一种网络游戏在八卦,但不可否认,人类真的已经进入了一个全新的时代。在这个时代,虚拟与现实无缝交互,人类与电脑通力合作,最终世界要走向何方,谁也给不出答案。

焦诗哲带来的项目全名叫“高精度分子动力学模拟软件平台”。他说:“万物皆由原子构成,理论上,只要把这些原子搬进计算机,就可以进行模拟计算。”

项目的原理是通过第一性原理的计算,得到物质最本质的电子结构、原子结构等信息,通过两次迭代,首先更新除杂化泛函项之外的所有部分,再更新含有高复杂度、高内存消耗的杂化泛函的部分,最终所有部分都计算完成后,得到适配度高的能源,进入分子动力学的计算部分,能够判断物质的存在性,最终再计算不同需求的材料、药物等性质。

笔者粗略理解为把物质解构成数据,让计算机通过数据模拟研发,大大提高产业研发效率。这不也就类似在元宇宙里做实验嘛!

从“中国制造”到“中国创造”

焦诗哲介绍这种产业研发模式其实国际上已经有了。

成立于1990年的美国薛定谔公司,就是一家药物发现与材料设计公司,致力于开发和应用先进的计算方法,改变科学家设计治疗方法和材料的方式,主要应用场景为化合物筛选。经过30余年的研发,他们有着成熟的药物设计软件平台以及先进的材料研究套件,目前已在纳斯达克上市,总市值高达100亿美元。这家公司背后的投资者是比尔·盖茨和D. E. Shaw & Co.,此外,公司在人员和专利上都有着坚实基础。

而国内在这一市场却是空白,尚未具有自主知识产权的公司在药物、新能源等行业进行辅助研发设计。并且,国内缺少成熟且有技术优势的计算机模拟平台软件。

从2020年起,全球及中国分子动力学软件行业迅速发展,新一轮科技革命和产业变革推动生产方式变革和新兴业态产生,助推高端制造业转型升级,提出了新的市场需求和更高要求,大大刺激了分子动力学软件市场的需求,助力计算模拟技术与制造技术深度的融合,使得分子动力学软件行业迎来发展的黄金时期。在下一阶段,行业市场规模将继续稳步增长。

自2010年以来,我国制造业已连续11年位居世界第一,但“大而不强”是我国制造业亟待解决的问题,尤其是要解决关键基础软件、关键基础材料、关键研发能力等基础问题。补短板、锻长板,加强基础技术创新,才能真正推动“中国制造”走向“中国创造”。

这几年,国家高度重视战略性新兴产业的培育和发展。与此同时,

“一带一路”倡议对中国高端制造业在新兴市场国家实施“走出去”战略，也提供了大好时机。

时代给予了很好的机遇，像焦诗哲这样的年轻科研人员们，又会如何去发挥他们青春的创造力去完成新一代科研工作者的时代使命呢？我们拭目以待。

用科研力量助力中国发展

和这批“00”后年轻科研工作者聊天，会发现他们一点也不“书呆子”。相反，因为做的是前沿的科研，他们会非常关注整个国家的宏观发展，会对比自己的专业在国际上的位置，会去努力让客户听懂并认同自己的研究方向，也会想办法让科研在生产生活中真正“变现”。他们既理想又务实。

焦诗哲说，发达国家纷纷实施以重振制造业为核心的“再工业化”和“制造业回归”战略，抢占国际产业竞争制高点。而东南亚发展中国家依

靠资源、劳动力等优势,也在吸引产业转移。在新常态下,国内经济转型对我国高端制造业结构调整和产业升级都提出了紧迫要求,亟须从"要素驱动""投资驱动"转向为"创新驱动"。这也正是他们这一代科研工作者的时代机遇。

他们这个项目,通过分子动力学模拟与高端制造业相结合,将助推我国的产业结构调整与产业升级。

他们的目标有三个:

一是改变中国传统试错性研发的态势,以成功案例促进产业研发观念的改革,加速中国相关产业的研发,让国外能够做到的产业助力在中国真正实现起来。

二是为中国科研助力,为中国的材料、能源、医药科研团队提供模拟服务,不断提升中国科研在世界上的影响力。

三是避免未来被"卡脖子"。他们的自主研发具有中国优势、中国技术、中国硬件的国产计算软件,同时,建立优秀示范,联合国内自主知识产权团体,不局限于分子动力学模拟计算,发挥全国各团队在不同方向的优势,共同打造国内科学计算软件的生态圈。

这几年,消费品设计的国潮化,中国动漫电影高票房,生活中年轻人对汉服、马面裙的追捧,都让人感叹新一代年轻人的民族自信感越来越强。与焦诗哲聊天时我有同样感受,他们有高瞻远瞩的视野,有兼容并蓄的胸怀,更有比学赶超的志气。他们都是最可爱的年轻人。

数学天才,原来也怕高考

焦诗哲留着一头卷曲长发,是乐队的贝斯手,喜欢枪花乐队,心情一郁闷就跑上10千米,气质一看就挺"朋克"。他也是合肥微尺度物质科学国家研究中心2019级物理化学/理论与计算化学方向的博士研究生,一路走来履历耀眼。他曾获2017年全国大学生数学建模竞赛国家二等奖、2019年华为杯研究生数学建模大赛三等奖、2020年先导杯并行计算应用大奖赛三等奖、2022年中国科大庆峰杯优胜奖。

焦诗哲说,小时候的梦想其实是做个数学家,原因是数学满足了他的虚荣心。"大城市里各种教育资源丰富,孩子发展也更加多样化,我的家乡在一座小城,初中、高中就开始卷各种比赛。记得初中时开家长会,数学老师夸我,考十次能七次满分。其他家长再一羡慕,虚荣心大大满足,就会不断激励自己,再多投入一些。"

后来考大学,他并没选数学系,是因为他哥哥当时从上海交大博士

毕业，学的就是类似物理化学的专业，就帮他选了这个专业。后来他到中国科大读研，发现1系是数学系，内心还是有些遗憾的，"如果再给我重选一次的机会，应该会选数学系，毕竟是'初恋'"。

我们的最后一个问题，是让他畅想一下，如果创业成功了，突然实现财富自由，最想干什么？

"找个城市买个房，先把孩子上学的问题解决了。我自己是河南人，我首先要排除掉高考大省，河南、山东，坚决不行。"

这个回答实在让人震惊，原来博士也怕高考，哈哈……

项目价值

该项目组致力于开发出精度高、速度快的分子动力学模拟软件平台，以自主核心技术作为行业优势进入市场。

分子动力学是研究包括药物、新材料、新能源等的有效手段，可研究很多物理化学性质，只要发生在一个分子动力学观察时间内(1~10 ps)的物理量，就可以用分子动力学计算进行直接模拟。

目前，已有很多成功的商业或开源软件提供了AIMD功能，但计算体系仍局限于几百个原子，并且很少能够处理杂化泛函的AIMD问题，或计算速度很慢。而该团队拥有足够的技术优势，通过自主研发的软件技术，以及国产的自主硬件结合的方式，实现快与准的结合。

随着高精度、快速度的分子动力学模拟软件研发的成功，团队希望将科研技术与产业融合，面向世界科技前沿和经济社会主战场，以合肥微尺度物质科学国家研究中心为中心展开研究，更好地推动技术与产业深度融合，让科技成果转化为现实生产力。

访谈心声

主持人:请简要清楚地介绍你的创业项目。

焦诗哲:我们的项目是通过动力学软件,去模拟材料分子的物理化学性质,辅助实验及产业进行研发设计。最核心的三个点是:国产化、精度高、速度快。我们的研发是一种全新的产业范式,目的是加速产业发展。

主持人:是用AI替代人类去做研发实验吗?

焦诗哲:用AI来形容并不准确。因为AI是人工智能,相当于完全用机器做决定,产生结果。我们这个大部分还是要依靠人的经验来完成。

主持人:你的技术应用场景在哪里?

焦诗哲:热电材料、热电工程,包括药物分子都可以。说白了,凡是可以通过原子建模的,都可以算。理论上,万物皆由原子组成。

主持人:这项技术目前成熟了吗?

焦诗哲:谈论这种技术是否成熟有两个维度:一是算得准不准,二是算得快不快。准,涉及专业领域内的对比;快,技术一直在迭代。我只能说,我们目前用的是精度最高的机组。

主持人:你认为这个项目最大的难点在哪?

焦诗哲:这个行业永远找不到完备的数据体系。我们现在主打的三款软件,两款有十二三年的开发历史了,还有一款有20多年的开发历史。

主持人:一款软件需要几十年才能开发完?

焦诗哲:是功能永远也写不完,这就是软件的成长性。

主持人:什么样的软件才具有成长性?

焦诗哲:首先得有自己的特点,这个特点别人复制不来,比如我这个项目里的几个算法,即使别人抄出来效果也没我的好,这也是我的卖点。另一点,要有很好的生态圈,得有人愿意不断加入一起做。

主持人:前赴后继有人愿意来“搬砖”,共建美好世界,是这个意思吧?

焦诗哲:对啊,所以做科研也要想办法把自己推广出去,让更多有识之士知道并了解,才能获得更大的发展机会。

主持人:我以为软件科研人员只要在象牙塔里安心写代码就可以了。

焦诗哲:当然不行。一个可持续发展的软件,还需要开放的生态,最好有个商业团队来帮助推广运营,这个团队要有专业知识支撑,要懂计算机,还要懂化学、物理才可以。要求确实很高。

主持人:太困难了,所以现在你作为项目负责人亲自来参赛了。现在项目有一些合作案例吗?

焦诗哲:还在洽谈中。因为这是一种全新的产业研发模式,做第一个吃螃蟹的人,需要一定的勇气。我们甚至已经做好心理准备,第一个案例做出来肯定亏本,但未来会有利润。

主持人:创业就是这样,很多时候是从一个改变世界的梦想起步,赚钱不是目标,只是结果。你预判哪个行业会第一个吃螃蟹?

焦诗哲:应该是电池行业吧。

主持人:如果这项技术成熟了,对我们的生活会有什么改变吗?

焦诗哲:大多数人在生活中是用不到这项技术的,因为这项技术主要应用于产业研发上,比如新材料、新能源、生物医药这些科技产业用户,但最终也会影响到我们的生活。看过一部电影叫《我不是药神》,进口药为什么那么贵,根本原因是国内外医学水平有差距,大家药物研发的速度也不一样,比如国外会通过计算机模拟方式辅助研发,肯定会加快新药面世的速度。工业是一个庞大的体系,我们的技术若能助力一些产业的发展,也是利国利民的大好事。

青春独白

我是读研才第一次来到合肥,进入中国科大,之前对合肥并不了解。我觉得中国科大最牛的一点,是能放下一张安静的书桌。读研这几年,碰上疫情,很少出校门。其实做科研是劳动强度很大的工作,即使能自由移动,我估计也没什么时间出校门。

这几年,合肥渐渐有了一些自己的特质。去年参加创新创业大赛时,记得瀚海量子的负责人说过一句话,要把合肥打造成量子名城。我觉得这个定位很牛。

做科研的都知道,最前沿的科技离现实生活有些远,有可能量子到真正应用还要几十年。那为什么国家大力支持发展量子产业呢?我觉得这就是世界各国间的竞争与博弈,就像研发原子弹、探索外太空一样,可能当下的日常生活中根本用不到,但它们都是一个国家长治久安的护城河。

我们国家现在不断发展高精尖科技,就是为了能跟世界竞争与对话,这是我们兴国的手段。我今年才26岁,正处于青壮年时期,不管以后是从事物理还是计算机方面的研究,只要能为国家发展做贡献,就会全力以赴,这是科研工作者的使命所在。这也是我理解的科技强国、青春报国。

专家点评

据说,当下如日中天的OpenAI最初是一个非营利组织,而最早的员工是一群纯粹为理想主义出发的顶尖科学家。

这些放弃原本成百上千万美元高薪的顶尖科学家们,加入这样的一个充满巨大不确定性的非营利组织,没有股权、没有慷慨福利、没有豪华年会、没有明确的升职路径,其实就是因为一个很纯粹的目的聚在一起。这个目的也写在了OpenAI的创立章程中:确保通用人工智能(AGI)造福全人类。

但理想的现实往往很骨感。一位OpenAI早期实习生回忆说:“当时办公室座位前后左右都是业界最牛的大佬,但每个人想法都不一样,大家擅长的方向和领域也可能不一样,无法找到一个着力点。如何让这批世界上最牛的AI科学家们拧成一股绳一起发力是最难的,谁也不服谁。”而结果就是OpenAI被谷歌的DeepMind各种吊打。2018年底之前,谷歌都全面碾压OpenAI。这个时候,业界对OpenAI各种不看好,之前好不容易请来的很多技术大佬,不少又回谷歌、脸书这些大公司了,公司面临着严重的人才流失、军心不稳。

此时,Sam Altman及时站了出来,他选择放弃纯粹的非营利组织模式,转而探索更现实的商业路线,因此OpenAI和ChatGPT才最终能出现在众人的眼前。

Sam Altman意识到,如果他不站出来主导转型,那么OpenAI只有倒闭这一条路。Sam Altman去找了硅谷著名投资人Reid Hoffman和Vinod Khosla,重新设计了架构,新架构给员工们提供了类似初创公司的股权激励,稳住了军心。同时,这个硅谷史无前例的新架构也吸引了一位同样雄心勃勃的大LP投资方——微软。Sam Altman在商业和社会责任中找到了一个平衡点,他仍旧坚持,等到所有投资方的回报结清,100%的权益还将回流到OpenAI非营利组织。

在这个故事中,或许有很多冲突、抉择和权力斗争,但最重要的,还有真诚的理想主义。

裴晓辉

合肥市创新科技风险投资有限公司总经理，

中国科大创新创业导师

开展创新创业教育，支持创新创业实践，在孵育科技项目之外，更有意义的是培养科技型企业家精神：持续学习、坚持创新、保持专注、胸怀天下！

柔膜科技:新一代高性能可持续透明薄膜

近年来,随着新型显示、智能消费电子、互联网、电子信息、航空航天、节能环保、物联网等一大批新兴产业快速繁荣,传统材料已无法满足其特定的性能与品质要求,从而催生了大量高性能光学膜材料的应用需求,也促进了这一行业的快速发展。

目前,光电信息产业中最有发展前景的通信、显示和存储三大类产品,都离不开光学薄膜,光学薄膜的性能在很大程度上也决定了这些产品的最终性能。

此外,光学薄膜正在突破传统范畴,越来越广泛地渗透到从空间探测器、集成电路、生物芯片、激光器件、液晶显示到集成光学等各学科领域中,对科技的进步和全球经济的发展都起着重要作用。光学薄膜技术水平已成为衡量一个国家科技实力的高新技术。

本项目的核心产品——高性能可持续透明薄膜,主要由纳米纤维素与无机纳米片,通过团队自主研发的新型生物合成法制造。产品具有优异的光管理特性,以及高抗拉强度、高柔韧性、高服役温度、高热稳定性等特点,是继传统光学塑料薄膜后的下一代光管理柔性薄膜。

核心团队

凌张弛

化学与材料科学学院博士生

杨怀斌

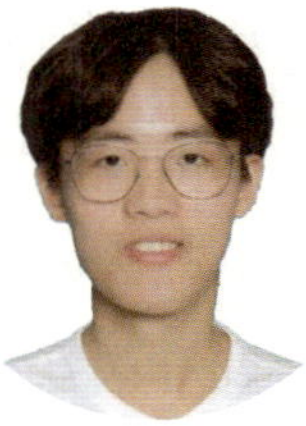

周展

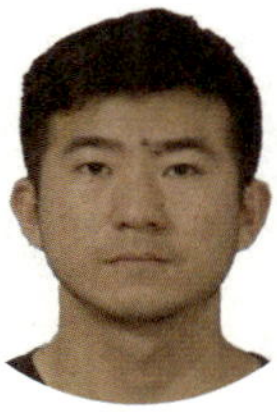

李峰

创客故事

新一代光学膜

高性能光学膜领域新产品

凌张弛带来的柔膜科技项目,是一种光学薄膜的全新制作工艺。光学膜主要由基材和分层介质膜构成,通过使光在传播过程中发生折射、反射、散射、吸收和偏振现象，从而达到不同光学效果的高分子复合材料。其主要应用于液晶显示器(LCD)的背光模组，包括扩散膜、增亮膜和反射膜等。其他终端应用还包括电视机、手机、平板电脑等用的显示触摸屏膜，OLED柔性屏幕的基底，立体显示用的3D膜，机场、高铁、道路等用的反光膜，LED节能灯用的匀光膜，各类消费类电子产品外壳、家电控制面板的硬化膜以及太阳能背板组件等。

国际市场，光学膜材料已形成相对稳定的市场格局，几乎被日本东丽、美国3M和韩国SKC等公司垄断。

国内市场，在巨大市场需求推动下，近年来光学膜材料的生产企业数量也在迅速增加，如康得新、双星新材、南洋科技、大东南、华塑实业等。但只有少数企业逐渐具备自主研发和生产中高端产品的能力，可提供光学管理应用解决方案。而且，由于我国光学膜领域起步较晚，与国际先进水平还有一定差距。

柔膜科技项目运用了一种新型的生物辅助合成制备薄膜法，在世界范围内都是首创。项目组于2020年8月在著名期刊*Matter*上发表研究论文，团队拥有独立知识产权，并正在进行商业化运作。

用这种工艺制备出的高性能透明薄膜，相对传统机械制模有很多优势：无需特殊溶剂，无需高温熔融，绿色环保可持续；超强超韧极耐弯折，反复50万次弯折后，薄膜性能稳定不变；优异光管理特性，透明度和透过雾度均超过90%；可生物降解，自然环境下两个月内即可完全降解。

总之，这是一款高性能光学膜领域革命性的创新产品。

科技为了让世界更美好

随着GPT-4 Office全家桶的发布，很多人惊叹，AI要颠覆人类办公了。确实，人类已进入新智元时代，电子产品越来越像我们的体外装备，早已不再是你选择用不用,而是功能是否流畅、佩戴是否舒适的问题了。

电子产品多样化的需求,也在反推高性能光学膜材料的广泛开发与运用。随着柔性显示器、柔性照明、柔性太阳能电池、柔性传感器等产品的不断发展,电子产品的力学热学兼容性要求不断提高,顺应柔性透明、节能环保的潮流,高性能光学膜材料也必将迎来更大的发展机遇。

凌张弛团队带来的创业项目的首要优势是环保。他们是基于微生物的新技术来辅助合成光学膜材料的。说白了,是通过培养微生物细菌产生纤维素,再用这种纤维素制成光学薄膜,所以,并不是传统的塑料材质。首先,因为基于的是微生物技术,所以制作过程能耗也比较低,不需要高温、高压的环境;其次,生产过程污染小,不需要有毒溶剂,只需要水的环境就行;最后,这种光学膜对环境没有负担,如果埋进土壤中,两三个月就可被彻底降解,大大降低了环境污染风险。

那么容易被降解,会不会质量不行,不够经久耐用?恰恰相反。这款光学膜具有高耐弯折性、高耐刮擦性、隔水隔氧防护、防皱性、高透明度显示,以及超薄厚度等优点。也就是说,它和PET的塑料薄膜相比,无论是在柔性、强度、热尺寸稳定性,还是在环保和价格上,都更具备更大优势。

这种产品还有一个优异的光管理特性,透明度可达92%,透过雾度可达91%。凌张弛介绍说,贴上这个膜,可以做出一些匀光效果。比如现在很多写字楼都是玻璃幕墙,太阳光直射下去,那个区域很亮很热,但其他区域其实没什么光线。如果把他们的膜贴上去,理论上光线可以分散到房间各个角落。因为这种薄膜里有很多的孔隙,可以不断产生折射,所以一束光照射过来,它会180°向各个方向发散。他们最近也在和一些楼宇科技公司联系,洽谈合作。

当然,这种材料也有一些局限性。和PET塑料薄膜完全工业化快速生产相比,因为是生物合成,其周期相对长一点。凌张弛说,从葡萄糖这些细菌生长因子投进去到产生出这个膜,大概需要一周时间。这也是他们从实验室到中试生产线再到万吨生产线要一步步克服的难题。

目前,华为已经关注到他们的科研成果。之前发表相应论文时,华为集团一个终端部门就给实验室负责人俞书宏院士发过邮件,项目团队也寄了一些样品给那边,目前正在进行相容性测试。“如果这个相容性测试还可以,我们就可以通过华为集团来推广我们的产品了。”凌张弛的言语里充满期待。

科研是兴趣,创业是担当

凌张弛现在是中国科学技术大学化学与材料科学学院2020级博士研究生。他也是读研才来到中国科大的。“当时参加了几个夏令营,最终选择中国科大,是因为个人对做科研还是很向往的。参观科大时,在实验室与俞老师进行了沟通，发现这里非常适合我，因为能够安心做实验。”

凌张弛真的很热爱化学专业，现在项目进入中试阶段，他们搬到科大先研院工作，每天要在实验室泡十八九个小时，如果偶尔实验量少，可能12个小时就足够了。

太让人震惊了，没想到做科研是如此高强度的工作。“同学都这样，还是只有你这样？”“我感觉同学们都一样吧。像俞老师工作这么忙，每天在实验室也要待十几个小时。做科研没有什么捷径可言。”

日复一日地做实验、做数据、做分析，在外行看来，这样的日子枯燥无味，我问他，科研的魅力在哪里？

“一方面是自我驱动力；另一方面，整个大环境就这样，我的师兄、师弟、师妹，每个人都很努力，你不努力就会有负罪感。还有个原因，虽然做科研是一个不断探索的过程，有很多失败的经历，但偶尔成功的那一刻，会感觉特别开心。”

凌张弛的个人兴趣在科研，不过现在他担任了创业项目的负责人，“科研和创业都得做好。一是实验室里的这个项目到了产品化阶段；二是俞老师也经常教导大家，要关注国民重大需求，要把我们的科研应用到实际当中，一步一步产业化。创业也是一种责任担当。”

一个化学博士想把实验室数据变成可量产化产品，本来就困难重重；开始创业，要学着路演，如何和投资人沟通，和企业谈合作，样样都非常不易。

他说一路走来，有很多人要感谢。

一是他的引路师兄，目前也是实验室的研究员。他说，是师兄手把手带着凌张弛去了解微生物合成技术；在他参加创业项目初期，经常帮他梳理项目的落脚点是什么，一起讨论项目的市场规模怎样，该如何进入这个市场，他们既是师兄弟，也是战友。

另一些要特别感谢的是创新创业学院的老师们。他说，自己刚参加“互联网+”大赛时，创新创业学院的老师们给了这个项目很多详细的意见和补充，也不断帮助他修改各种比赛文件，教会他如何规范地写出创业比赛的材料。创新创业学院对学生团队进行了很多系统性培训，他非常感激。

原来科研人员的压力也很大。我问凌张弛平时有没有什么休闲活动去解压。

他笑着说：“我最喜欢的解压方式就是跑步，先研院这边有个操场，跑半个小时就可以了。我觉得自己又能重回到实验室面对挑战了。”

项目价值

本项目基于中国科学技术大学俞书宏院士团队研发的新型生物合成法，制备了一种高性能可持续的纳米复合透明薄膜，可用于新型显示、智能消费电子产品、节能环保等领域。检测证明,其性能远优于传统商用聚合物薄膜。

该新型生物辅助合成制备薄膜法为世界范围内的首创,团队拥有独立知识产权并正在进行商业化运作。

本项目的核心产品——高性能可持续透明薄膜,全生命周期绿色环保,具有优异的光管理特性以及高抗拉强度、高柔韧性、高服役温度、高热稳定性等特点,是继传统光学塑料薄膜之后的下一代光管理柔性薄膜。

该产品兼具高透明度和高雾度,从而可对光线进行有效管理利用,这是传统均质塑料薄膜难以做到的。同时,该薄膜还具有优异力学性能,拉伸强度(482 MPa)和模量(约15 GPa)分别是塑料的2倍和3倍以上。基于良好的柔韧性,该薄膜还可被折叠成各种形状,并在多次折叠展开后没有明显损伤。优异的力学性能和光管理性能,使得该产品有望成为未来光管理产品的关键核心材料。

此外,该材料还具有极好的热尺寸稳定性和热化学稳定性,可在250 ℃的高温下和反复热循环中保持性能稳定,因此也可用作柔性电子器件的基底材料。该产品制造过程全程常温常压,不涉及任何有毒药品,生产成本低,环境影响极小。

该项目的未来发展规划为:基于现有生物质基高性能可持续透明薄膜,研发一系列用于电子产品的工业级光学器件基底,并与各电子设备终端企业形成密切合作。另外,该项目还计划研发一系列面向用户的光管理产品,如优化采光窗膜、防眩光灯具等,让人们都能享受舒适柔和的光线环境。

访谈心声

主持人：看你们的项目计划书，我印象最深的是这个薄膜能用于制造可折叠手机。

凌张弛：我们的创业项目是基于绿色环保的微生物合成技术，制备新一代高性能可持续透明薄膜，确实可以助力折叠屏手机等高端电子器件的发展和应用。

主持人：现在华为和三星都出了折叠手机，他们用的是这种薄膜吗？

凌张弛：不是，他们用的是光学膜，主要基底是来自日本东丽公司的聚酰亚胺薄膜。那种薄膜和我们薄膜的性能差不多，甚至比我们的性能还略差一点，价格大约要十来万元一吨。

主持人：你们这个膜的价格呢？

凌张弛：我们的成本大概能降到一万元一吨。

主持人：那如果选用你们的膜，折叠屏手机价格岂不是能降下来不少？

凌张弛：也不一定，只能说我们的柔膜是整个产品中很重要的一个配件。

主持人:你们的柔膜在普通人生活中,还有哪些应用场景?

凌张弛:很多啊,因为它的雾度特别高,能做防炫光处理。比如你看一个灯,光线是直射下来的,很亮很刺眼,如果把我们的薄膜罩上去,就能够使光线均匀分散开,不再会有那种直射刺眼的感觉,更加护眼。

主持人:你们这种技术跟普通人生活的关系还挺大。

凌张弛:"双创"的价值不就是为了能更好地为人民服务嘛。

主持人:既然是种塑料膜,为什么能很快降解?不是说一个塑料袋埋在土里,百年都不腐烂吗?

凌张弛:因为我们用的是微生物合成技术,合成的是纳米纤维素。比如树皮就是一种纤维素,只不过我们合成的纤维素非常细小,需要通过显微镜才能观察到。所以我们的薄膜,如果埋在土壤中,两三个月就可被彻底降解,完全看不到。当然,在无法接触微生物时,使用周期还是很长的。举个例子,宣纸在唐朝时就出现了,是用泾县青檀树的皮等原料制成的,宣纸又被称为千年寿纸,有些唐宣一直保存到现在,依旧有着很好的性能。但宣纸也很容易溶于水。这是同样的道理。

主持人:这个项目从实验室到真正产品化,你觉得已经完成多少进度了?

凌张弛:我们前期主要完成对材料自身性能的比较及测定,以及对标成熟的行业,进行详细的表征和比较对比;目前还没有正式的合作应用,只是和一些厂家进行相容性测试。个人觉得这个项目从科研阶段到具体的产品化,大概完成了50%的进度。

主持人:客观说,并不是所有实验室里的好科研成果都一定能够打败现有产品。"双创"就是要创新和创业双箭齐发。如果未来在市场应用上遇到很大挑战,你会如何面对?

凌张弛:从我个人角度来说,毕竟是自己辛辛苦苦做出来的一种新材料，想要更好地替代市场上的一些塑料薄膜，造福人类，如果不被市场认可，很可能心情会比较低落吧。不过俞老师之前就给我们打过预防针，他说，让同学们参与一些创业项目，并不是每个创业项目都会成功的。但他更希望同学们在创业过程中，得到全面锻炼，这样，无论以后继续做科研，还是做实业，以及对推动实验室内其他项目的进展，都会有更大的帮助。我觉得俞老师并不是一个对创业结果太过看重的人，他更重视的是通过创业这件事，对同学们进行素质培养。所以我想，只要尽力就会青春无悔。

青春独白

我们的指导老师俞书宏院士曾教导我们，做科研不能仅立足于自己，只愿在书桌前追寻那些基础科学真理；要牢记，我们每个人都更应关注国家和人民的需求。如何将自身正从事的一些基础研究，和国家、人民的需求相结合，才能既有利于实现个人科研事业的目标，也能更好地为人民服务。

俞老师在疫情期间，也申报了好几个和疫情相关的项目，我还参与了制备高性能可降解防护服的项目。因为疫情刚开始时，核心物资熔喷布非常紧缺，我们就思考，能不能用可降解的纤维素替代熔喷布，帮助社会更好地进行防疫管理工作。我也在这样的项目中，找到了自己做科研工作的价值感。

做柔膜科技这个项目，我最大的期望是它能替代目前一些塑料制品。我刚进实验室时，俞老师就说过，现在环境污染问题很大，我们要努力开发一些新的材料，尽可能替代塑料，这样才能实现人类社会及国家的可持续发展。我们也是往这方面努力的，用一些可持续的产品，如薄膜、结构材料、纤维，去替代目前的高分子、塑料基产品。科技，应该让世界变得更美好。

专家点评

高校开展创新创业活动的根本目的,并不仅仅在于科研成果的转化和创业项目的成功,更在于创新创业型人才的培养。

成功的创业型人才往往具有高度的事业心、进取心和开拓精神,面对困难时常常表现出坚定的信心和持久的毅力。鼓励学生将自己培养成创业型人才时也需要阐明,广义上的创业型人才不仅能够独立创业,更能在各行各业中发扬创业精神,不断开拓进取、创新发展。高校加强培养优秀的创业型人才所应具有的创业型人格特质,在专业教育和创业教育深度融合的基础上,专注于创业型人才综合素养的提升。

培养创业型人才,首先,需要构建创业型人才培养的课程体系,使学生的创业知识体系实现纵深结合、有博有专;其次,需要具备创业型人才培养的师资队伍,通过师资队伍整体实力的加强来保障创业型人才培养工作得以全面提升;再次,创新创业型人才培养的教学方法,尝试采用启发式、讨论式和参与式的教学方式,培养学生的批判性思维和创造性思维,加大学生实验、实训和实践教学比重,提高学生解决实际问题的能力,激发学生的创新创业灵感;最后,还要为创业型人才提供实践场景,通过创新创业实验室、创新工场和创业项目实战,打造“科技创业走廊”,集聚科研技术、成果转化、孵化器、科技园区、创业企业、海外高层次创业人才、投融资等多种创新要素和创业资源,为大学创新型人才的各阶段创业活动提供各种资源扶持。只有通过多方共同努力,才能让更多的创新创业型人才不断涌现,助力中国经济的持续发展。

章晓军

安徽华米信息科技有限公司联合创始人、副总裁，

中国科大创新创业导师

在创业的汪洋大海里，面对未知和挑战的惊涛骇浪，唯有扬起热爱和勇气之帆，矢志不渝，勇往直前，才能到达胜利的彼岸！

太微量子:量子物理教学实验系列解决方案

进入21世纪,诸如量子信息、量子计算和量子测量等新兴事物逐渐从科研前线走向普罗大众的视野。相应的教学和科普产品,如果能直观且清晰地展现量子的基本概念,就能为面向公众的科技传播以及面向高校物理专业学生了解前沿科学提供切入点。

科技的发展离不开广大高校的人才培养。为了培养更多、更专业的量子科技领域的人才,从2020年开始,教育部陆续批准了部分大学新增“量子信息科学”等量子物理相关的本科专业。但由于量子领域的发展速度较快,许多大学相应的教学实验相比科研进展滞后很多,市面上的量子实验课程也寥寥无几,因而量子专业的培养方案在实验课程建设方面有所欠缺。

安徽省太微量子科技有限公司是一家专注量子教学科普实验仪器和高端精密仪器制造的高科技企业。企业致力于实现量子教学仪器和高精尖仪器设备的自主化和国产化,并用量子技术赋能工业测量等领域,提供核心技术应用及服务,推动产业升级。

“太微量子:量子物理教学实验系列”项目为太微量子在量子教学科普实验仪器方面从设计、研发到生产提供的相关配套服务,包括但不限于编写大学物理实验教案、提供教学培训服务、制作科普视频等。

核心团队

王宣恺

物理学院博士生

呼新尧

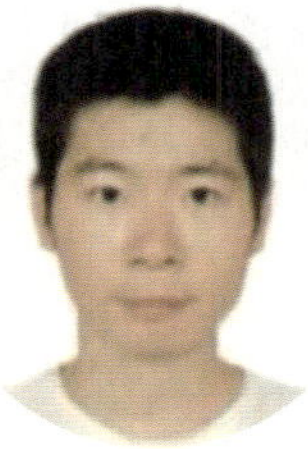

何明根

朱子杭

邱佩月

创客故事

太微量子的博士“天团”

在世人的眼中,从事高科技科研工作的人都是学霸出身,妥妥的高智商,而在众多高科技科研中,从事量子研究工作的人又站在金字塔的顶端,令人仰视。

这些年,国内外都在开足马力集中开展关于量子的研究,从量子计算到量子通信,再到量子测量,众多科研工作者聚焦在量子这个“赛道”。在2022年诺贝尔物理学奖的角逐中,量子力学登顶,更是将量子研究推向了聚光灯下。而此前,曾经火极一时的美国电影《复仇者联盟》(包括《蚁人》)也都植入了大量的量子元素,使影片显得很硬核,也很高科技。

俗话说“外行看热闹,内行看门道”,作为一直从事量子研究工作的业内人士,来自中国科学技术大学的王宣恺博士直言不讳地指出:“影片的团队其实并不专业,缺少对量子的用心调研,植入量子元素仅仅是一个炒作噱头。”

以科学的视角审视科幻电影,似乎不太好玩,缺少了些娱乐精神。但是,科学确实不同于电影,来不得半点虚假,它需要反复论证、求证,“差之毫厘,谬以千里”。王宣恺和他的博士“天团”就是这样一群认真而又严谨的科研人,他们的创业故事听起来“不好玩”,但“很有用”。

“路虽远,行则将至;事虽难,做则必成”

在校内,王宣恺是中国科学技术大学物理学院2016级量子信息与量子物理专业博士生;而在校外,王宣恺还有一重身份:安徽省太微量子科技有限公司董事长、法人代表。太微量子另外4位核心团队成员是清一色的中国科大博士生,有光学与光学工程专业博士生、量子信息与量子物理专业博士生等。

2021年2月,在老师的指导下,王宣恺和他的同学呼新尧以及学弟学妹共同创办了安徽省太微量子科技有限公司。公司坐落于合肥国家大学科技园,专注于量子教学科普实验仪器和高端精密仪器制造,致力于实现量子教学仪器和高精尖仪器设备的自主化和国产化,并用量子技术赋能工业测量等领域,提供核心技术应用及服务,推动产业升级。

成立这样的一家企业,与王宣恺的研究方向、学习经历均密切相关,也有一定的偶然。“这几年中国科大在进行教学实验方面的改革,我们之前用的实验仪器都是很老的,做实验不能碰,万一碰坏了就没有备份;另外,它确实在实验内容方面比较老旧了,很多老师表示要一些新的实验,后来我参与讨论的时候,提了一些建议,老师觉得不错,合肥有家公司也很感兴趣,表示要跟我们合作,所以就成立了这家公司。”

原本只是想开发一些实验教具,成立公司仅仅是为了满足中国科大科研、教学方面的要求,但是,2021年11月,中国科学技术大学物理实验教学中心向安徽省太微量子科技有限公司购买了单光子探测物理实验教学机,开设了物理实验的专业课程,结果反响非常好。母校的支持、学生的肯定,更坚定了王宣恺和他的团队创业的信心。

离子阱、单光子探测、磁光阱,构成了太微量子的量子物理教学实验系列产品,应用于高校的科研、实验教学。而为了更多地拓展市场,王宣恺及团队还走进科技馆，走进科普夏令营，去展示、讲解。王宣恺坦言，因为他和团队受过系统的科研训练，开发仪器并不是十分困难，但是这样的仪器要产品化，中间有很长的道路要走。“路虽远，行则将至；事虽难，做则必成。”王宣恺说。

下好“先手棋”，练好“基本功”

2023年春节档贺岁片《流浪地球2》吸粉无数，量子计算机、太空电梯、智能机器狗……影片中把许多现实世界的科技元素融入了未来故事中，让影片有了真实感和代入感。实际上，这些看似遥远的“黑科技”并非科幻，现实生活中，位于安徽合肥的本源量子已研发出多台中国量子计算机，并已交付用户使用。不仅如此，本源量子还研发出两台量子芯片工业母机：量子芯片的“火眼金睛”——无损探针仪和量子芯片“激光手术刀”——激光退火仪。

同样作为从事量子研究的科研工作者，王宣恺的团队始终密切关注着现有的科技成就，为其感到骄傲，但也保持着一份清醒。“科技是第一生产力，对企业创新来说也是最可靠的动力。”王宣恺的团队对此有清晰的认知，因此对公司从事的事业充满了责任感。“未来的竞争很大层面上是科技的竞争，作为科研工作者，我们一定下好‘先手棋’，练好‘基本功’，而且需要提前把这些科技在产业上进行部署。”

科研工作者如何保持自己的创新力？王宣恺的“法宝”是“三多”：多交流，在实验室多保持跟同行之间的沟通，灵感往往是沟通出来的；多尝试，在跟别人交流之后，大家可以共同做一些事情，因为毕竟一个人的能力是有限的；多动手，大家的专业可以不同，但可以优势互补，共同努力，动手去做。

正如王宣恺所说，从实验品到产品，从0到1，中间有漫长的路要走。

尤其是当下有很多最新最前沿的技术或者理念,学生不太能接触到,包括市面上真正特别新的东西,实验这一块也非常少,绝大部分都是40年前的实验,新的仪器开发难度比较大,造价也比较高,想把它做产品化非常不容易。王宣恺和他的博士团队想了很多办法,克服了诸多的困难。“像离子阱,科研的离子阱因为带电颗粒,它的作用力比普通的强很多。而常规教学用的离子阱周围不能有任何东西,要把它的温度降到很低,要泡在液氮里面。我们把它做到几十微米的尺寸,放在常温常压下,不管是演示还是离子束缚,其实跟科研中没有太大的区别,因为肉眼可见,学生的学习过程更直观,对学生培养物理感觉是非常有帮助的。此外,它也可以用于科技展。”

让王宣恺和他的团队感到庆幸的是,中国科大虽然教研设备相对陈旧,但是它仍处于高校教学、科研的领先地位。加上他们平时的科研训练,这使得他们占据了先机,拥有了先发优势。“这是我们作为科大学生的一种幸福吧!”王宣恺笑着说。

“既要低头拉车,还要抬头看路”

创业一年多来,王宣恺身兼多职,一边专注于博士毕业工作,一边负责公司正常的运营以及一部分产品的研发,忙得不亦乐乎。

博士毕业以后是找单位上班还是继续做科研、创业?这是摆在像王宣恺这样的科大学子面前的一道选择题。王宣恺的回答是:“我应该不能把这个公司轻易解散。”他说既然公司成立了,当初学弟学妹跟随他一起做这件事情,不能就这样把团队抛弃,这是他的责任。不过,在选择创业之前,他也曾考虑过参加校招,后来他觉得工作的成就感非常重要,于是还是选择了创业。

对于王宣恺而言,太微量子公司已经在合肥成立,开始收获订单,产生销售额。更为重要的是,中国科大物理实验教学中心以及老师给他的帮助和支持,都是公司发展的重要支撑。而量子已经成为合肥的一张名片,对于王宣恺和他的太微量子而言,这更是一个难得的机遇。"我觉得创业时机可能是最重要的,正好也是跟这个城市的发展比较契合的。"

好在有家人在精神和资金投入方面的双重支持,好在团队对公司发展都很有信心,加上学生喜欢他们做的实验,老师给予他们的正面评价与肯定,这些都汇聚成了强大的动力,推动着王宣恺在创业路上一往无前。"再加上我自己也算行业内比较懂这个方向的,不是我自己单纯拿一笔钱做投资,而是和团队一起去踏实地干,不断研发产品,所以即便一开始非常困难,我们也能坚持下去。"王宣恺言语中透露着坚定。

当然,科研与创业两者之间有着本质的不同:目标不一样、手段不一样、边界也不一样……"既要低头拉车,还要抬头看路。"王宣恺说成立企业后,自己需要面对和思考的问题明显多了不少,既要熟知国家政策"看天气",还要研究市场"接地气",需要更全面、更实际的思考。"成立公司之后,我们不仅要把仪器产品做出来,更要考虑它的出路,同时要考虑之后的资金从哪里来,要有整体的规划,通盘的考量,相当于要把商业逻辑梳理出来。单纯科研的时候,我们考虑更多的是这个产品能不能做出来是最重要的,现在这个阶段,我们需要有全局思维,哪些事要做,哪些事不要做,更重要的是哪些事不要做。”

新年伊始,王宣恺也有了自己的新年规划——充分发挥团队成员的专长和能力,除了之前做的三个比较小型的教学仪器,公司会做超导实验和精密测量方面的教学仪器研发,偏向于更加实用的工艺检测,以“科学的态度、严谨的作风,从容的心态”,不断创新产品供给,给相关企业和大学提供支撑。

这,应该就是中国科大给予他们的精神养分!这,或许就是创业带给王宣恺团队的改变吧!

项目价值

在科研中,有很多不同的量子体系,比如离子阱、超冷原子、超导、多光子、量子点等。这些体系各有优势,其应用面也较为广泛,因而不少国家在同时布局这几种量子体系。作为量子领域国际第一梯队,我国已经全方位布局了这些量子体系。

但是,量子实验课程欠缺、量子实验课程发展滞后、量子实验课程开发难度大、量子实验课程仪器昂贵、量子实验课程仪器操作复杂、量子科普演示枯燥难懂是目前存在的六大行业痛点。因此,简单易操作、性价比高、演示效果好的量子物理教学实验的试点推广变得尤为重要。量子物理教学实验系列以此为出发点,设计并开发了适用于理科高校的离子阱、单光子探测和磁光阱。

这几款仪器专门针对当下的大学物理实验体系设计。大学物理实验能够有效提高学生的实验操作能力和分析处理能力,因此,国内许多理工科高校将大学物理实验作为物理专业学生，甚至非物理专业学生的必修课。

离子阱教学实验仪

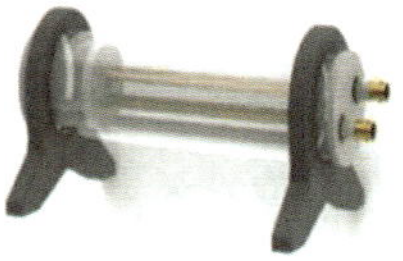

离子阱科普演示仪

共聚焦单光子探测教学仪

冷原子磁光阱

被离子阱束缚的带电颗粒的运动轨迹

除此之外，他们的工作重点还在以下三个方面：

(1) 建设量子学科教学实验体系。量子物理教学实验系列补充了当前量子学科建设中教学实验的不足，既能够使学生们接触前沿现代物理，又能让学生们亲自动手完成整套操作实验，激发学生们的学习兴趣。

(2) 培养量子领域的科技人才。该系列的实验课程取材于现代物理知识,介绍前沿科学,可以培养学生们的动手能力,帮助他们理解现代物理学中的概念,熟悉量子科学领域的需求。

(3) 向民众科普量子科学技术。把握科研仪器的核心原理,结合科普需求,生产成本低廉的演示仪器,让公众理解奇妙的量子世界。

访谈心声

主持人:量子科技发展下去,对人类进步有什么推动作用?

王宣恺:比如量子计算的发展,可以造出比之前更好的、性能更强的材料,可以推动材料科学的发展。像量子精密测量中,现在全世界都在做的光钟的测量精度,它可以测到10^{-19},这对未来的空间导航是很有帮助的。因为在天上稍微偏一点点,再反过来定位地面的精度可能偏的就不是厘米量级,可能偏好多米。量子通信就不用说了,已经开始产业化了。

主持人:对于量子科学的应用来说,现在处于一个怎样的发展阶段?

王宣恺:我认为它还属于少年时期,将来会有更多的应用领域,还有更多可以产业化的东西。据我所知,各种各样的体系百花齐放,一旦产业化到很成熟的时候,最后剩下的可能不会有这么多体系了,通常也就一到两个体系是最正常的。

主持人:你们这些仪器设计,创意从哪来?从实验到产品化经历了怎样的过程?

王宣恺:创意来自我们平时的科研训练。新的东西开发难度比较大,造价也比较贵,想把它做产品化确实不容易,我们想了很多办法。比如说离子阱,科研的离子阱因为带电颗粒,作用力比普通的强很多,因此常规的离子阱周围不能有任何东西,要把它的温度降到很低,泡在液氮里面。我们把它做到几十微米的尺寸,放在常温常压下,不管是演示还是离子束缚,其实跟科研中没有太大的区别,因为肉眼可见,对学生培养物理感觉是非常有帮助的,此外它也可以用于科技展。

主持人:中国科大的学生是很幸福的,因为他们可以接触到最前沿的仪器。

王宣恺:对,我们希望让学生的学习过程更直观一些。

主持人:在你看来,科研工作者如何保持自己的创新力?

王宣恺:多交流,你在实验室多保持跟同行之间的沟通,有些新的东西,灵感往往是沟通出来的,有些人确实能想出新的点子;要多尝试,在跟别人交流之后,大家可以共同做一些事情,因为毕竟一个人的能力是有限的。

主持人:你现在有三种产品,接下来产品线还会进行新的研发拓展吗?

王宣恺:是的,接下来还会做超导实验教学仪器研发,之前做了三个比较小型的教学仪器,未来还会做别的。因为公司发展起来之后,其实在做教学仪器过程中,我们一整套的都有,只做教学可能不能完全发挥出大家的能力,可能还会做一些精密测量方面的事情,更加偏向于更加实用的工艺检测。

青春独白

科技是人们对客观规律的一种认识和应用,不管是提升我们的素质还是提高我们的效率,并且把它投入到生产生活当中,都能发挥很大的积极作用。现在国家非常提倡我们去做科技成果转化,对于科学的态度也非常重视,强调要"把论文写在祖国的大地上",所以,我们要响应国家号召,顺应时代潮流,把个人的想法融入社会发展当中去。我们个人的努力固然重要,但是必须考虑历史的进程。

专家点评

创新创业,不仅注重"把论文写在祖国的大地上"的做事方式,更强调科技与人文兼容并包的人才培养模式及探索目标。

项目过程中,项目人所表现出的个人特质,很有"人情味",无论是博士毕业面对应聘上班还是继续创业的回答,"我应该不能把这个公司轻易解散",当初学弟学妹跟随一起做这件事情,不能就这样把团队抛弃,这是他的责任;还是对于企业运营的态度,"不是我自己单纯拿一笔钱做投资,而是和团队一起去踏实地干,不断研发产品,所以即便一开始非常困难,我们也能坚持下去"。

创业的过程不仅是技术的转化过程,更是人的成长蜕变过程。更多对于创业的关注,不应仅是项目的成败,更应是人的提升。项目成败是功利而短期的,人的提升才是对国家和社会长期有益的。

当今越来越多的问题,似乎都已不再仅仅是技术问题。人类在艺术或科学领域的创造力是独一无二的,还是可以被机器复制?人工智能已经被用于取代医生,为病人开具处方,但机器人也被允许决定治疗方案吗?如果人工智能软件犯了危害人的错误,软件开发商应该承担法律责任吗?还是把“自主学习”算法视为独立于人的创造者呢?未来是人文与科技的融合,科技与“人”密不可分。

近年来,科技的进步给人类带来了巨大的财富,同时也给人类带来了深刻的危机:物质的、技术的、功利的追求在社会生活中占据越来越重要的地位,而精神生活的追求则被忽视和淡漠。弘扬人文精神,寻觅失落的精神家园已成为一个极其重要的课题。文化是一个民族的灵魂,中华文明上下五千年,历史悠久,博大精深。文化底蕴彰显文化自信,文化自信驱动科技创新。人文是根,科技是花,根基稳固才能“花繁叶茂”。

航天飞船叫“神舟”,操作系统叫“鸿蒙”,登月探测器取名“嫦娥”,暗物质粒子探测卫星叫“悟空”,量子科学实验卫星名为“墨子”,太阳监测卫星计划叫“夸父”。中国科技发展日新月异,中国文化人文底蕴深厚,科技与人文相辅相成、相得益彰。

科技要创新,更要让科技创新促进人文进步。

徐　强

安徽中鑫继远信息技术股份有限公司董事长，

中国科大创新创业导师

每位学生都具备学业知识之外的、独特的、未被发掘的社会性天赋。双创事业对于释放学生潜质、充分实现其社会价值，提供了难得的系统性机会。

芯创科技:氮化镓功率器件的引导者

随着社会经济的高速发展,民用电子设备需求高涨,人们对于半导体器件性能的要求不断提高,基础建设、工业生产、民生民用等领域均迫切要求新型半导体材料和器件的出现。

氮化镓是一种新型第三代半导体材料,具有工作频率高、载流子密度大、工作电压阈值大、禁带宽度大、化学性质稳定、工作环境多样的优点。对比普通充电器,它的体积更小,开关频率足够高,可使用于小型变压器。与此同时,氮化镓耐高温低电阻,充电过程中散热较好,充电头不易发烫。

项目团队通过新的制造工艺和技术路线发明了增强型电力电子器件——超高切换频率的高电子迁移率晶体管(HEMT)。团队运用这种器件结构,实现了高质量GaN HEMT器件的研发、工艺制造和测试,成功制备出具有商用价值的GaN HEMT器件,封装后便得到一种能够大规模生产应用的氮化镓型充电器，大大提升了国内市场高良品率的增强型高电子迁移率晶体管的技术，扭转了国内功率电力电子器件工艺技术落后的现实情况，为我国高电子迁移率晶体管产业注入强劲活力，其在汽车、手机快充等领域中具有良好的应用前景。

核心团队

杨安

化学与材料科学学院硕士生

秦景

李钰

创客故事

科研工作者的“强芯梦”

2019年5月，美国首次制裁华为，华为不能使用美国厂的EDA；一年后，制裁升级，主要针对华为芯片业务；随后，一批中国科技企业被美国以各种莫名的理由列入所谓的“实体清单”。

自2020年下半年以来，全球制造业陷入持续性的芯片短缺潮，汽车、手机、电脑等行业纷纷遭遇“芯片荒”。

科技兴则民族兴，科技强则国家强。“芯”之痛、“芯”之荒，让无数科研工作者辗转难眠，进而夜以继日地投入到科技自主创新之中。“自研自强，把核心的技术、核心的芯片握在自己手上，我们才会更加放心。”这是科研工作者们的共识，更是努力的方向。

60年前，马丁·路德·金于在华盛顿林肯纪念堂发表了著名的演讲 *I Have a Dream*，60年后的今天，作为科研工作者的杨安也有一个梦想，那就是：赋能千行百业，强劲芯片助力科技腾飞；勇攀技术台阶，自研器件雕刻国产丰碑。这，是他们团队的“强芯梦”！

“打造中国最先进的电力电子芯片，赋能中国智能制造2025”

杨安是中国科学技术大学化学与材料科学学院的硕士研究生，他和同门师兄共同成立了芯创科技团队。这是一个年轻且富有创造力的团队，成员都是中国科学技术大学在读硕士、博士，专业涵盖了微电子、物理、材料、化学等多个领域。

“打造中国最先进的电力电子芯片，赋能中国智能制造2025”，杨安说，这是芯创科技的使命，团队致力于研发高电子迁移率、高工作频率、高质量的电力电子器件，提供高效节能、环保的充电领域设计方案，力求成为中国电力电子领域领军企业。

梦想很大。杨安带领的芯创科技团队工作主要与第三代半导体氮化镓相关，团队在功率器件领域已布局4年多，技术在领域内处于领先地位，已开发出多种先进工艺，针对的是民用消费电子市场，手机快充、新能源电车是最主要的应用领域与场景，尤其是新能源电车将是他们未来的主赛道。“我们做电池的管理芯片,用氮化镓晶圆在上面做三极管结构、二极管结构,做逻辑应用,实现能源管理,最大好处是‘快’。”

“快”只是一方面,“省”同样是个优势。杨安说,他们团队研发的电控管理芯片,首先能降低它的损耗,更为重要的是能够实现更加精准的电源管理,而从中长期应用来看,新能源电动汽车的能源利用效率会更高,而且更加节能、更加方便。

杨安坦言,虽然团队已经成功制备出具有商用价值的GaN HEMT器件,封装后便得到一种能够大规模生产应用的氮化镓型充电器。但是,目前并没有大规模铺开,暂时也做不到产业化,原因在于一方面是成本的问题,另一方面还有不少技术难关需要攻克。“第三代半导体的成本比第一代半导体要高很多,研究没有第一代半导体那么成熟,有很多技术难关还没有实现,相对而言还处于实验室和安全验证可靠性的阶段,我们现在做的主要是可靠性和安全性,这是我们产业化之前需要解决的重要问题。”

不过，随着新能源电车政策的密集出台，产业的高歌猛进，特别是第三代半导体技术的飞速发展，杨安和他的团队对研发产品的未来市场化应用信心满满。

“实际中，你会发现科研和创业之间的距离还是很远的”

杨安是江苏连云港人，抱着对中国科学技术大学的憧憬与向往，他来到了中国科大继续深造，还将继续攻读博士。他说自己对安徽合肥的印象是非常新奇、震撼，在短短十几年之间，合肥通过投资很多非常前沿、非常有潜力的产业，做到万亿城市，落户了综合国家科学中心，不管是从城市的视野还是未来布局来说，都非常有发展潜力。

犹如安徽合肥这座城市的气质，“敢想、求新、会创”正是芯创科技团队的特质。杨安说，他们和传统的高校课题组有着很大的不同，传统的高校课题组以基础科研为主；而他们的课题组比较特殊，要兼顾基础科研和对外产品开发。2021年，中国科学院苏州纳米技术与纳米仿生研究所和扬州大学达成实质合作，合作项目就是由他们课题组承担的。

正是因为要从事基础科研，同时还要负责对外产品开发，要与企业实际对接，杨安对创业本身、产品打造都有了更多的理解。“实际中，你会发现科研和创业之间的距离还是很远的。我们在实验室里追求的是什么？是发文章，是性能、指标的突破。比如这些器件，美国实验室能做到1400 V，我们要做到2000 V，他们做什么样的工艺，我们国内这方面工艺不行，就要绕开它，为了做比较极限的性能突破，我们可能采用非常复杂的工艺方法，用一些实际生产中没有办法实现的，而且追求某一方面的极致可能会导致产品在其他方面的衰减。”

作为项目负责人，杨安在实际做工艺产品以及和企业对接的时候，经常会发现企业的要求更加综合,必须考虑成本和可操作性。“产业化过程中,它可能要求你这项指标提高20%,其他指标提高10%左右,它并不要求你以发论文的这种单指标的突破性研究为主,而是以一种产品本身的迭代,要求你和他们的全性能指标适配;另外,你想要和这些企业合作,很多时候并不是你实验室的产品性能特别好,他们就会接受、认可,他们会在产品工艺的可实现性上、成本上对你提出更多更高的要求。”

杨安课题组“双重身份”的特殊之处,让他们收获了更多的认知、经验与成长,同时更为研发的产品打开了一定的市场空间。目前,他们已经给不少的高校、企业提供了验证性的产品,而就在2023年,苏州芯创科技有限责任公司也在苏州正式成立,电力电子芯片行业将迎来芯创科技这支年轻的“生力军”。

“把核心技术、核心芯片掌握在自己手上,我们才能更加放心”

如今,随着现代电力电子设备对功率器件的要求不断提高,硅基器件在很多电子设备领域已经不能满足产业需求。杨安团队研发的基于第三代半导体晶圆的GaN HEMT已经进入了科研与产业界的视野,第三代半导体材料GaN在禁带宽度、击穿场强、热导率、电子迁移率等参数上具备绝对优势,成为新一代电力电子器件的理想材料。

杨安说,产品研发前后历经了几年的时间,其间反复进行实验、调整与优化,团队正是在一次次方案驳回、测试失败的经历下才逐渐成长与成熟的。过程中,团队因为专业的不同、技术路线的差异、诉求的不一,难免也会出现一些分歧,但是团队氛围整体是和谐的,因为团队成员的目标是一致的,只要有良好的分工,让大家信服的团队的主心骨,就会很好地解决这些问题。

"在我心中，曾经有一个梦。"杨安从事半导体行业的学习、研究工作，之所以成立芯创科技团队，自主研发高科技产品，首先源于他研究的方向，更为重要的是他心中一直有个梦想，那就是他和团队的"强芯梦"。

杨安说，在中美贸易摩擦之前，那个时候学微电子、学半导体并不被人看好，当时普遍的看法是国外产品比国内更好，造不如买，研发不如去买国外大厂现成的；中美贸易摩擦之后，欧美各国的制裁步步紧逼，作为从业者，他们感到非常憋屈。"我们很多设备的配件包括研发它的工程师都是美国来的，突然制裁了，我们用不了了，包括用的一些设计软件，几乎全部都是外国公司拥有版权，或者外国公司开发的。我们做这块其实也是希望能够在这个行业、这个领域有所发展。"

作为科研工作者，杨安最大的梦想、最想做的工作就是科技报国。"别人的东西再好，终究是别人的，从我个人来说，首先保证民用产业，包括消费电子、汽车工业，希望它能够有一个稳定的产品供应；另外，希望国防工业包括国家信息安全方面，把核心技术、核心芯片掌握在自己手上,我们才能更加放心!”

拳拳之心,殷殷之情,尽在言中。

项目价值

团队研发的电力电子器件兼具尺寸极小、电子迁移率极高、工作环境多样、工作频率高、成本低等优势,能够广泛应用在电力、机械、矿冶、交通、石油、能源、化工、轻纺、通信、激光、机器人、环保、核能、航天等多个领域。

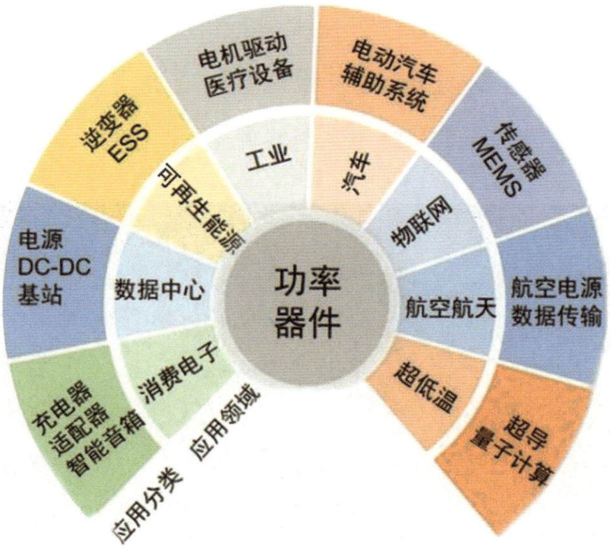

功率器件主要应用分类与领域

核心的半导体工艺技术,能够满足当前我国对高性能电力电子器件的迫切需求,具有良好的经济效益。产品对比传统硅基电力电子器件,传输速率高20倍以上,单位能耗降低到十分之一,器件体积降低到略多于元器件二分之一,单位工作时间碳排放量降低到十分之一,电阻损耗降低到千分之一。

团队所设计制造的器件，在基础晶圆原材料的选用、器件结构设计、工艺方法、电极结构、制备流程等方面取得了技术突破。对比目前市面上电力电子器件主流应用的硅基器件，实现了各项参数的全面突破。不仅器件产品体积小，同时充电更快、工作环境更多样、更耐高温、器件频率更高、工作稳定性更强、热损失更少、更节能环保，创新点非常突出。该器件结构创新性地在高阻氮化镓表面设计制备了条形阵列栅结构，不仅保留了器件的超高电子迁移率，还在击穿电压、阈值摆幅、工作频率上具备显著优势。

团队复合使用MOCVD外延技术、离子注入技术、干法/湿法刻蚀技术、光刻工艺、等离子体处理、磁控溅射等先进工艺技术，设计并实现了工艺流程简便、成本低、可实现性强的器件工艺流程。

充电器氮化镓芯片效果图

团队所设计制造的GaN HEMT器件，产品核心参数和适应工作环境可根据企业、高校的需求进行调节，适应更多的应用场景和需求。其器件大小、工作频率、工作电压可通过技术手段灵活调试，以更好地满足产业界的个性化需求。

访谈心声

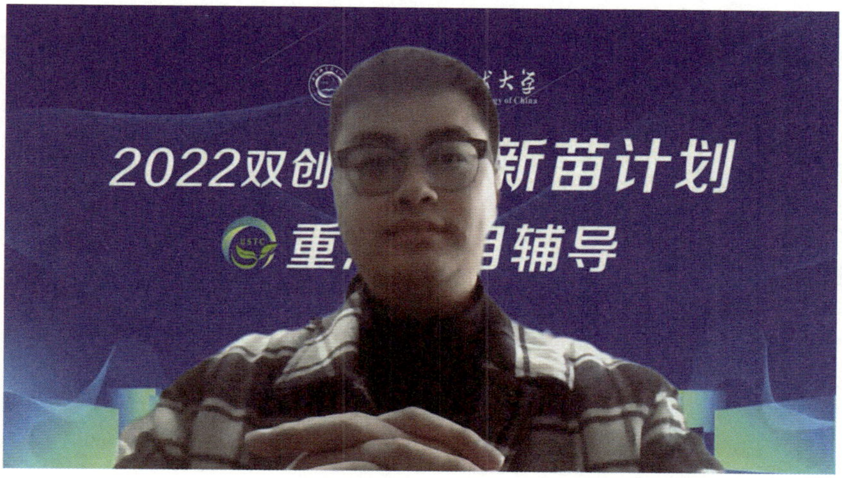

主持人:第三代半导体是什么?它能解决什么问题?跟我们日常生活有什么关联?

杨安:半导体目前主要分为三类:第一类就是我们最传统的以硅为主要材料的芯片,第二代半导体是化合物半导体,第三代半导体是以碳化硅(SiC)、氮化镓(GaN)为主的宽禁带半导体。第三代半导体突出优势是禁带宽度非常宽,氮化镓因为具备一些其他材料所不具备的优势,比如化学性能极其稳定、抗辐射、耐低温,能够克服其他半导体所没有办法应用的领域。对普通人来说,我们用的消费电子,包括手机、电脑,使用第三代半导体后,能使其运行更加快速;中长期我们很快可以看到的应用就是新能源电车能源利用效率更高,能够更加节能、更加方便。

主持人:看待第一、二、三代半导体之间的关系,它们是迭代升级的吗?既然第三代半导体材料具有如此多的优势,为什么没有实现大规模应用?

杨安:其实我们说半导体之间的迭代关系不是二代比一代强,三代比二代强,不是这么迭代的。目前应用最主流、最广泛的半导体还是硅。为什么我们这种氮化镓目前还不能大规模替代硅呢?最主要的原因是成本。我们现在要实现高性能的三代半导体的能源管理芯片,一片6寸晶元,如果要其实现质量比较高,一片成本差不多是4万元,普通质量的也需要2万元;而一片硅的晶元就几十元,好一点的是几百元。也就是说我们性能上确实提升了几倍,但是成本上比它高上几十倍上百倍,所以大规模的完全替代硅目前是难以实现的。半导体不是一代替代一代,而是赛道的问题,在不需要传输速度很快的时候,还是用比较便宜的一代半导体;只有在安全性需求很高,对它的电控管理要求特别高的时候,我们才会用这种更贵、更好的芯片。

主持人:你说你们课题组比较特殊,要兼顾基础科研和对外产品开发。这两者在指标和追求指标的成本方面有哪些区别?

杨安:一般来说,在实验室里面做芯片,我们会先从仿真验证开始,做仿真验证其实是不计成本的。比如说其他的实验室这个器件能做到650 V,我们为了实现性能突破,会使用多次外延技术,也就是涨的层数比他们多很多,每一层运用更加复杂的结构、更加复杂的调控、成本更高的方法。为了实现性能突破,我们这个芯片可能会比别人多很多层,结构上会复杂很多,只要能实现实验室里有限的一次、两次,良品率什么都不需要考虑。而实际生产当中,特别是代工的时候,它对工艺步骤是有明确要求的。比如原本一个厂商做一个器件只需要7步到10步,虽然你的性能比别人提高了一倍,但是你的工艺提高了20倍,并且良品率比别人差,别人是不会选择你的。

主持人:那你们是怎么做到兼顾的呢?

杨安:我们做了规避,比如传统的刻蚀和器械稳定性,第一个是减少它的制造工艺。我们知道半导体流片成本是非常贵的,一个片子从实验室的想法到流片，再到验证到实际生产，成本可能高达几百万元，为了减少工艺费用，我们在设计的时候，就直接删减掉需要很复杂结构才能实现的结构，改变传统一层一层堆叠式的工艺。我们开发新的工艺方法，在稳定性和安全性上做一定的突破，这样做虽然它的性能并不会比之前不计成本做的单项突破效果好，但是从成本和整体的性能上，都实现了突破。这种比较低的成本、比较高的性能，更加符合我们实际的工业生产中的应用。

青春独白

作为中国科学技术大学的一名学子，又是学习、研究半导体专业的科研人员，这几年我们对贸易制裁、“卡脖子”技术封锁、实体清单等都有着非常深刻的认识，以前说“落后就要挨打”，其实到今天放在技术等各个领域，这句话同样适用。所以，我们真的要走自主研发之路，实现科技独立、自强。现在，国家特别重视科技事业发展，提出科技强国战略，尤其是自主研发工作，强调要把核心技术、核心产品掌握在自己手中，对我们这些青年科研工作者来说，这是千载难逢的机遇，是加快科技研发的最佳时机，我们不能辜负时代、辜负青春、辜负热爱！

专家点评

综观世界上发达国家的技术发展历程，我们可以发现，美国一度只重视产品创新而忽视工艺创新，是美国在很多工业领域内失去竞争优势和经济发展缓慢的重要原因之一。经济学家曼斯菲尔德的研究表明，日本企业比美国企业更注重工艺开发的重要性。日本企业在利用外部技术和快速进入新产品市场上具有较大的优势，重视工艺创新是日本经济迅速发展的主要动因。

成功的产品创新可以为企业的生存与发展赢得一定的竞争优势，但在激烈的市场竞争中，大量的创新模仿者及潜在竞争对手方会受到创新利益的吸引而迅速地进入同一市场。竞争导致该项产品的垄断利润很快减少乃至消失。而此时，企业间市场竞争的焦点就开始转向生产效率的提高和生产成本的降低，也就是说，此时企业对工艺创新活动的需求会不断增强。人们很早就已意识到工艺及工艺创新在企业市场竞争中的重要作用。经济学家厄特巴克认为在创新过程的后续阶段，企业创新的重点将会集中在工艺创新。经济学家库兹涅茨也指出，单纯的产品难以长期维持其竞争效益，必须依靠工艺创新。

工艺创新包括新工艺、新设备及新的管理和组织方法。工艺创新和产品创新都是为了提高企业的社会经济效益，但二者途径不同，方式也不一样。产品创新侧重于活动的结果，而工艺创新侧重于活动的过程；产品创新的成果主要体现在物质形态的产品上，而工艺创新的成果既可以渗透于劳动者、劳动资料和劳动对象之中，还可以渗透在各种生产力要素的结合方式上；产品创新的生产者主要是为用户提供新产品，而工艺创新的生产者也是创新的使用者。

工艺创新的重要性体现为工艺创新是一种再创新，它是在对新产品的功能构造、生产技术要求、设备与材料、加工方式可能等全面评估后的在生产工艺上的再创新，使之把新产品高品质低成本精益生产加工出来。尽管产品创新是产业创新的源头，但如果工艺创新能力不强，那么一定是有新产品创新而没有新产业形成，例如如果我们的模具设计加工不行，不能设计加工出新产品要求的模具，那么工艺创新中的第一环就失败了，而新产业就根本无法产生。

黄叙新

合肥市科创集团有限公司副总经理，

中国科大创新创业导师

希望在科创服务的助力下，每粒创新的种子都能在这片沃土上生根发芽，每棵创业的新苗都能成长为枝繁叶茂的参天大树。

血音医疗:一款由蜘蛛网启发的止血材料

“血音医疗”是一支依托中国科大仿生纳米材料实验室、中国科大附属第一医院(安徽省立医院)与安徽医科大学等专业平台,长期致力于生物基医用健康材料研发的团队。团队围绕国民健康安全等基础领域的重大应用需求,提出了一种不依赖于凝血系统的新型止血材料设计策略,构筑了一种针对不同创伤类型、具有可吸收性和高效止血能力的生物基仿生纳米纤维结构气凝胶材料,并进一步探究该生物基仿生止血材料的微观结构与止血性能的关联规律,促进了医学和材料等交叉学科的高速发展,引领和支撑“新医科”产业的发展与成果转化。

目前,难以控制性出血是造成战争、交通事故、外科手术以及其他意外中人员死亡的主要原因,实现高效止血对挽救伤员的生命有着十分重要的作用。脱脂棉花、纱布等压迫性止血材料对战争贯穿伤和事故创伤大出血等情况的止血效果极为有限，无机黏土、沸石、纤维素、明胶海绵、壳聚糖止血粉等功能性止血材料，还存在价格高昂、放热反应伤害、依赖于凝血过程等局限性，对于难以自主止血的血友病患等凝血功能障碍群体，国际市场尚未推出特异性的止血材料。

在此背景下，“血音医疗”团队自主研发的生物基仿生纳米纤维高效止血材料具有不依赖于凝血系统的强大独立凝血能力，优异的止血能力、高度普适性、高性价比、贴合工业化制备流程的合成路线设计，使其有望成为国内乃至国际医药市场中一颗冉冉升起的新星。

核心团队

王广振

合肥微尺度物质科学国家研究中心博士生

崔晨

于冠华

杨肖念

张尧

创客故事

创业,将是他生命中的一道光

经历过鼻窦炎手术的朋友,相信一定有过这么一段刻骨铭心的回忆:术后的鼻腔会利用纱布进行填塞以压迫止血,一般在三至五天后才可以把纱布取出来,而取出时一旦拉扯到血肿的伤口,轻则渗血,重则血流不止。

当皮肤受伤流血时,神奇的人体就会自动唤醒凝血机制,血小板和凝血因子就会群体出动,在破损的血管壁处渐渐结合成血栓,形成一道坚固的血液防护墙。但如果碰上心脏、肝肾、脑部手术等大量出血的情况,就得请出可吸收止血纱布、明胶海绵、流体明胶等多种形态的止血材料来协助止血。

看过电影《红海行动》的朋友,应该对血肉模糊的战争画面深有感触。在现代战争中最为常见且致命的就是由子弹贯穿伤、刀刺伤等引发的不可控制性出血,很大概率会引发暂时性凝血功能障碍从而危及生命,传统的包扎、按压等压迫止血手段难以实现这种情况下的出血控制。此外,对于因自身凝血因子缺乏而不能实现自主凝血的血友病患者,创口处血栓更难以自主形成从而血流不止。

到底有没有一款止血效果优异、价格低廉的止血材料产品,可以应对以上所有的止血难题,而且老百姓还消费得起呢?

答案是“有的!”在中国科大有一支致力于研发高普适性可吸收止血材料的大学生创业团队,他们自主设计研发了一款生物基仿生纳米纤维高效止血材料,能适用于战争创伤、事故创伤以及各类外科手术需求,同时也是全球首款可适用于血友病群体的非生物制剂类体外止血材料。

披荆斩棘的创业道路上,有一种关系叫亦师亦友

研发团队的负责人王广振,来自河北,2019年被保送至中国科学技术大学攻读博士学位。入学后他不仅专心学好专业知识,还一心提高自身的创新能力。怀着满腔热血,他通过层层考核进入俞书宏院士的仿生纳米材料实验室,从事生物医用健康材料的研发。

在王广振披荆斩棘的创业道路上,被誉为“材料魔术师”的俞书宏院士,既是他的引路人,也是他的贴心人。他们以科研项目为纽带,建立了一种亦师亦友的良好关系。

在仿生纳米材料实验室这个温暖的大家庭里,还云集了一批批优秀学子,在这里有着浓厚的创新氛围。进入实验室后,王广振就跟着师兄师姐们讨论文献,研究实验方案。在每周的实验室例会中,每个成员都会把自己关于课题和项目的设计研究思路进行反复锤炼,针对项目的可行性与不足之处进行深入探讨。

对于产品的研发,俞书宏院士经常跟实验室成员提到的是:“要把实验室的产品真正搬到市场上去,让大家评价我们的产品是可以还是不可以,让市场来检验我们的产品是不是优秀的,而不仅仅是停留在期刊、论文上。”

这种互相帮助、互相促进的环境让王广振收获的不仅是科研的方法,还有创新的思路。回想起参加大学生创新创业大赛那段时间,俞书宏院士给王广振布置的命题是:“需要找到一个绕开凝血联级反应、不依赖凝血机制的止血材料。”王广振阅读了大量止血材料的相关文献,刚开始尝试模仿着别人的方案,他使用了纳米水凝胶、壳聚糖等十几种方案,“有的实验都设计好了,按照设计流程去操作,结果却不尽如人意”。

研发进程中不免会经历挫败,俞院士会不断地鼓励王广振“犯其至

难而图其至远”,“在科研的道路上要耐得住坐冷板凳,坚持做原创的东西”,假如深陷于实验的挫败感,就会失去这些绝佳的成长机会。

在俞院士的悉心指导下,王广振团队继续花了一年多的时间,带着问题走访医院第一线,对设计思路、实验方案等进行反复论证。有一次,受蜘蛛织网捕猎行为的启发,他提出一个创新的想法:“通过微纳多尺度结构设计,可以形成类立体蜘蛛网的多尺度结构,在材料与血浆蛋白的瞬时反应下,可以实现对血液成分的高效捕获拦截来完成高效止血。”

俞院士曾经说过:“大自然就像一个奇妙的‘合成工厂’,能制造出具有各种奇异功能的生物材料或生物体。”他当时十分支持王广振这个奇思妙想,并亲自带着他拟定实验方案,亲自示范,讨论实验结果。

路虽远,行则将至;事虽难,做则必成。在大学生创新创业大赛就要开始路演之际,王广振团队的项目终于取得了重要的进展,最终找到仿生纳米纤维高效止血气凝胶这款普适性高、止血速度快、失血少的止血材料。

以问题为导向,不断领题、破题、答题

回想起开发产品的一年多时光,王广振最大的感受是“实验室创新的意识很浓,在总体的实验思路规划中是以应用需求为导向的,说白了就是提出问题、解决问题,然后把你的材料进一步发展”。这种以问题为导向的思考方式,对王广振后来的创业帮助极大,创业的念头像藤蔓一样在他的脑海里慢慢地滋长。

这样看来,大学生创新创业大赛的模式就是不断地引导学生去“领题、破题”,在实践中摸索创新之路。最后,王广振拿着“生物基仿生纳米纤维高效止血材料”在大赛的路演现场迎来了他的“答题”环节。

在路演大赛的现场,王广振给评委们展示了这款神奇的生物基仿生

纳米纤维高效止血材料。他拿起一粒白色的小方块，大小和咖啡方糖差不多。

“这粒小方块堪称止血材料界的‘变形金刚’。应用于鼻窦手术可以变形为柱状的止血栓；应用于内脏大手术，可以躺平，制成止血布；制备成云南白药一样的粉末，也是说变就变的！”王广振在台上的演讲张弛有度，风趣生动地对材料的可塑性进行了说明。

在短短的一年时间里，王广振带着这个项目走上了“庆峰杯”、“互联网+”、中国科大创新创业大赛等多个平台，并取得了许多不俗的成绩。

作为一名“95后”，王广振在2022年的最后一天，兴奋地制作了一个小视频，发在朋友圈，回顾总结一年来开心的事情。

“生命中的一道光，突然迸显。从1204的小讲台出发！懵懂地闯入‘庆峰杯’决赛。无数次的修改、无数个不眠之夜都是值得的，最终一举夺下安徽省‘互联网+’金奖，也揽获校级、省级立项基金。王广振，明年的国赛加油！”

创业，将是他生命中的一道光

作为一名中国科学技术大学的学子，创新的基因是刻在骨子里、流淌在血液里的。当王广振站在各类创新创业大赛舞台上，他确切地感受到基因中创新创业的意识在点燃，感受到了中国科大人“青春报国”的热血在沸腾。

目前，王广振团队的止血材料已经处于动物实验阶段，马上就要进入临床试验阶段，预计在2024年进入临床使用阶段。同时，王广振团队首款止血产品创可贴的生产也在不断完善，之后将不断开发Ⅱ类、Ⅲ类医疗器械产品的生产线。未来可以让中国的老百姓用上物美价廉、止血效果优异的止血产品，他们的创业带来的社会价值必定远远高过商业价值。

古语有云“破镜难圆，覆水难收”，然而，王广振偏偏给他的创业公司取名为“血音医疗”——血音已至，破镜重圆。

“血音，就是出血患者的福音。在人们生死攸关之际，我们的生物基仿生纳米纤维高效止血材料能‘救命’，将给成千上万的生命带去福音，让无数伤者和病患的家庭破镜重圆。我希望用我们中国人拥有自主知识产权的好产品、好技术来挽救更多人的生命。”

毫无疑问，这是一个饱含着爱意的商业口号，王广振的温情回答让笔者感觉他浑身散发着生命的光芒。

项目价值

出血是创伤发生后最常见的临床表现之一，如何在战场、车祸、自然灾难和外科手术等情况下，在出血后的黄金时间内有效控制大量失血、大面积的出血和渗血，这是提高受伤人员生存率的关键。除此之外，当前市面上出售的止血材料，大多是通过促进机体自身凝血过程的发生来发挥止血效力的，而凝血功能障碍患者因自身凝血功能的受损，可选择的止血材料种类寥寥无几。

相比纱布到止血粉等传统止血材料，明胶海绵、流体明胶等可吸收止血材料由于其使用的便利性成为了近年国内临床产品的主要开发方向。目前国际市场上可吸收止血海绵材料正处于稳步增长状态，国内可吸收止血海绵材料正处于起步阶段。在国内，止血材料的中高端市场主要由欧美国家的产品占据，国内止血材料则凭借其价格优势大多占据了低端市场，在可吸收止血海绵（除明胶海绵外）方向尚无大型企业推出旗舰型产品。

针对这一领域现状，王广振团队研发的生物基仿生纳米纤维气凝胶止血材料在实现高效止血作用的同时，保持了来自生物基材料的高生物安全性,在体内可快速吸收降解,可塑性强,可依据不同的使用场景需求,对产品进行高度定制,例如止血栓、止血敷料以及止血粉等,高度贴合当前止血需求,真正达到了不同群体、不同创伤环境的一体化通用,为人民健康以及军队救援奠定了坚实的基础。

此外,血音医疗的生物基仿生纳米纤维高效止血材料凭借不依赖于凝血机制的止血作用,精准迎合了全球凝血功能障碍群体的迫切止血需求,可实现国内、国际市场的双进军。其生产过程高度符合绿色环保的可持续工业化生产需求,产品原材料丰富环保、生产成本低、附加产值高,且不受制备规模限制,具有巨大的市场应用价值。

生物基仿生纳米纤维气凝胶止血材料的主要创新点有:① 在性能上实现“置入即止”,针对于中等尺寸贯穿伤口出血时间可控制在30 s内,具有极为高效的止血效果。② 在功能上实现“独立凝血”,不依赖于传统凝血机制,通过材料与血浆蛋白的瞬时反应以实现对血液成分的高效捕获拦截来完成高效止血。③ 对血液实现“高效利用”,依靠对血液成分的高效主动捕获以实现止血屏障的有效建立,从而阻挡了血液的进一步流失,极大提高了对于血液的利用率。④ 建立的止血屏障“牢固稳定”,通过特殊的成分设计,仿生止血材料可以在受创的创口处建立起牢固稳定的止血屏障。⑤ 在性质上实现“安全抗菌”,止血材料经过组分调控与结构设计实现了抗菌能力与止血功能的耦合,两种功能协同作用,在保证高效止血能力的前提下实现了高效抗菌。⑥ 在生产上实现“一步合成”,利用工业成熟工艺,如搅拌、滤洗等步骤,极大简化了材料制备过程,提高了大规模工业化生产的可行度。⑦ 在应用上实现“高度普适”,极大拓宽了受众群体,真正实现了止血材料的一体化通用。⑧ 在成本上实现“低材高值”,以生物安全性极高的生物基材料制备而成,成本较低,制备过程绿色环保。

访谈心声

主持人：研发一个符合市场需求的产品，才能让创业公司存活发展下去。这款可吸收止血材料是你们凭空想象的，还是与你们自己的专业有关？

王广振：我们研发团队依托中国科大仿生纳米材料实验室，我的专业是从事生物基医用健康材料的研发。刚开始参加创业大赛时，我并没有太多的头绪，指导老师俞书宏跟我们说，把实验室的技术真正做出来并应用出去，希望我们找到定位，并尝试对它做推广。

主持人：俞老师对你们的影响很大。

王广振：对。普通人对创业的理解是别人开个奶茶店，我也开个奶茶店，我这就叫创业了。俞老师给我们灌输的理念是你们创业做出来的产品要从实验室真正走到市场，接受用户和市场的检验，让用户评价我们的产品是可以还是不可以,让市场来检验我们的产品是不是优秀的,而不仅仅是停留在期刊、论文上。

主持人:相当于俞老师给你一个研发高效止血材料的命题,从你去研究到最终实验室产品生产出来,这个过程花了多长时间?

王广振:大概一年多。

主持人:速度很快。

王广振:对,不过在实验探索阶段我们也遇到了不少问题,尤其是我们刚刚踏足这个领域的时候。后来俞老师给我们引荐了中国科大附属第一医院(安徽省立医院)、安徽医科大学附属医院以及上海等地医院的合作团队,在与合作单位临床医生交流的过程中,我们获取了第一手止血材料的医用和市场状况。他们提出问题,我们来解决,为我们省了不少时间。

主持人:现在我能理解什么叫产学研一体,以前研究和应用是割裂的,研究只做研究,停留在理论发明;现在是倒逼式的,市场有什么样的需求,我据此做研究,然后应用到市场上去,再反馈回来,然后再修正。

王广振:是的,这种坚持问题导向、以应用牵引研发的思路给了我很大的启示。说白了就是提出问题、解决问题,然后把你的材料进一步发展。促进产学研转化,加强高校、科研机构与企业的联系,打破唯创新、创业、创造的“孤岛”,大力推进高校、科研机构与企业间的要素流动。

主持人:本研发产品为全球首款可用于凝血功能障碍群体的非生物制剂类止血材料,能解释它的独特性吗?

王广振:凝血功能障碍主要表现为患者体内暂时或永久性缺乏凝血过程发生必需的凝血因子,血友病是其中一类,比如血小板低,或患者缺乏凝血酶,没有办法启动凝血反应,就意味着它不能形成闭环,血会一直流。基于此,我们开始思考如何实现不依赖于凝血系统的一个止血过程。随着研究的不断深入,我们设计制备了这款新型止血材料,它的结构类似立体的蜘蛛网,神奇之处就在于,它依靠高效捕获血液中的有效成分,可以实现遇血即凝。但是像明胶海绵就做不到,它只是靠物理填充、压迫止血。

青春独白

做实验和创业过程中会遇到各式各样的问题,可能会经历无数次的自我否定。但是我们正值青春年少,这个阶段是最富有活力、最具有创造性的阶段,也是更容易产生想法的阶段。我觉得作为一名起步于中国科大的青年创业者,理应成为推动科创发展的生力军,能够为国家提供一点自己的想法,能够为国家解决一些问题,这就是我们报国的方式。

专家点评

创新不是无源之水、无本之木,创新的关键还是蕴藏在日常生活之中的、与我们息息相关的大小事件所迸发出来的瞬间灵感。

“人之需万千,不能尽由己足,方有商。”人们的生活需求就是商机。人们生活中的不如意有很多,差距和不如意就蕴含着商机。我国作为发展中国家,生活中还存在不少差距和不如意,假冒伪劣商品从城市“转战”农村,“山寨货”大行其道,表明低价商品仍大有市场,等待物美价廉的正品去占领;农户分散养殖是食品质量监管的难点,也是食品安全问题时有发生的重要原因,同时也意味着工厂化养殖业发展的美好前景;

入托难、打车难、找保姆难、找对象难等生活中的难题，蕴含着城市生活服务业发展的巨大空间；当许多产品和服务让人“信不过”时，诚信经营本身就有极高的市场价值……中国经济要迈向中高端水平，需要以人们生活消费水平的升级为基础。对正品、品牌、方便、舒适、优良品质等的追求，正孕育着大众创业、万众创新的无限商机。

乔布斯说：“一个企业的目标就是去创造那些消费者需要但无法形容和表达的需求。”创新的本质不仅在于创造人们没见过、没用过的实物，更包括那些未听过、未曾想见的未来，以此刺激新的消费热点，创造新的生活方式。相对竞争惨烈、渐入夕阳的传统产业和已知市场，未知的新业态、新市场必将超越陈旧的产业边界，打破落后的游戏规则，绽放后发优势，实现后来居上。

当越来越多的创新者具备了善于在生活中寻找创新灵感的能力，并付诸行动、积极验证和改良，令人惊喜的产品就一定会层出不穷、不断涌现。

王　芳

中安创谷科技园有限公司董事长，

中国科大创新创业导师

创新创业学院在学生心中埋下了一颗创新创业的种子，相信有一天，这颗种子一定会发芽，并茁壮成长！

愈宁科技:用细菌纤维素水凝胶守护生命

医疗器械作为卫生体系建设的重要基础,其行业发展水平已经成为一个国家科技进步的主要标志。

其中,生物医用材料是一类用于诊断、治疗、修复和替代人体组织、器官或增进其功能的新型高技术材料,在医疗器械领域所占市场份额比例高达40%以上。

手术缝合线属医疗器械的下属分支,在外科手术或外伤处置中用于闭合组织、结扎血管及降低出血。缝合线可以是单丝,可以是多股丝,也可以是纺丝或无纺布结构。根据手术缝合线材料的降解性,又将其分为可吸收和不可吸收两大类。作为外科手术室常用的耗材之一,随着全球对先进外科手术需求的不断增加和材料科学领域的巨大技术进步,其市场保持持续增长的态势。

手术缝合线市场竞争激烈,全球市场中形成了美国强生爱惜康、美国美敦力柯惠和德国贝朗三大缝合线巨头企业。在国内缝合材料市场中,进口缝合材料同样占据大部分市场。因此,发展具有自主知识产权的国产高端手术缝合线材料,对我国医疗器械行业发展以及医疗卫生事业的建设具有重要意义。

愈宁科技团队基于细菌纤维素优异的生物活性和理化性质,结合仿莲丝纤维微米螺旋结构设计,制备了一种具有仿莲丝微米螺旋结构的可拉伸不回弹水凝胶手术缝合线,这也是国际上首次实现将水凝胶加工为用于手术缝合线的纤维材料。

核心团队

赵玉祥

化学与材料科学学院硕士生

方周玉

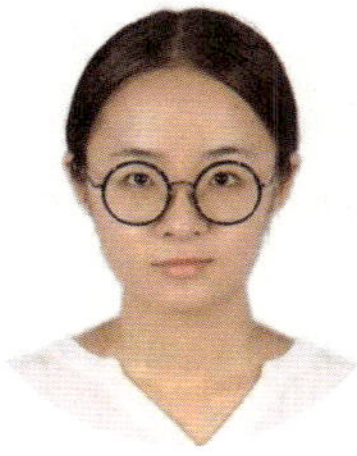

宋戎妆

郑晓青

韩子盟

STORY 创客故事

细菌吐丝,织成像藕丝一样的手术线

地球上的第一个生命可能是细菌

翻看愈宁科技的商业计划书,印象深刻的就是它对核心技术的阐释:“细菌纤维素基仿生可拉伸不回弹水凝胶手术缝合线。”

细菌?手术?用细菌做成医疗耗材?医疗不是最要求无菌环境吗?这几个词组在一起,怎么那么不搭?

赵玉祥笑了:“据推测,地球上出现的第一个生命,可能就是细菌噢。”

细菌不是好东西吧,要不然为什么天天要消灭细菌呢?

“其实,绝大多数细菌对人体都是无致病性的,真正有致病性的细菌只占少数。当然,细菌的有害和无害,在某些条件下,也是可以互相转化的。”

我们日常生活中,细菌无处不在,也有很多神奇的能力。我们常听到的益生菌,就是一种细菌;吃的泡菜、酸奶、大酱甚至臭豆腐,都必须经过细菌的“加工”才能制成;农村的沼气池,要靠细菌发酵产生沼气;土壤里有一些细菌能分解有机垃圾,从而增加土壤的肥力。

这些都是常见的“益菌”,还有不少细菌,对人类有着独特的贡献。

曾在一份科普材料上看过,美国科学家发现了一种可用于人工降雨催雨的细菌,它们住在大海的气泡里,海浪击碎气泡后,细菌升到空中,将空气中的水蒸气凝聚成水滴,降下雨来。真是令人惊奇。

科学家还发现了一种细菌,可以用于发电。这是从一种细菌中提取出的甲醇脱氢酶,可代替金属做催化剂,让燃料电池的效率提高60%~70%,也让燃料电池的成本大大降低了。

细菌因为太过微小,既看不见也摸不着,要很多很多的细菌聚集在一起,才能形成“菌群”或“菌落”。

但赵玉祥的团队却能够培养细菌像蚕宝宝一样吐丝结网,再把这些丝拧在一起,变成一种新型的手术缝合线,是不是特别神奇?

当然,这是笔者打的一个粗糙的比方。

赵玉祥给出的专业解读是:“我们用的是细菌纤维素,就是由细菌产生的纤维素。这种纤维素和树木里的纤维素一样,本身是一种葡萄糖的长链,通过氢链相互作用自组装,生成这样一种分泌物。因为是纯的纤维素材料,非常纯净,所以也适合做一些医疗领域的高端应用。”

所以,在一定条件下,“细菌”也是可以和“纯净”画上等号的。

国际上首次将水凝胶加工为手术缝合线

赵玉祥现在是中国科大化学与材料科学学院的硕士生,和同学们在实验室里研发的这种细菌纤维素,是由细菌合成的一种天然高聚物,具有许多独特的理化和机械性能,如高结晶度、高持水性、超细三维纳米纤维结构、高抗张强度和弹性模量等,同时具有良好的生物相容性和可降解性等特性。而仿生设计则是提升这种材料性能非常有前景的方式之一。

愈宁科技开发的第一支产品,是一款仿生可拉伸不回弹水凝胶手术缝合线——用到的新材料是实验室研发的细菌纤维素水凝胶,模拟莲丝纤维微米螺旋结构做了仿生设计,最后织成线。这款缝合线的突出优势是可以像皮肤等软组织一样柔软,可拉伸不回弹,含水量高,润滑性好,而且生物相容性优异。

这也是国际上首次实现将水凝胶加工为用于手术缝合线的纤维材料。

传统的手术缝合线大多是由棉线或聚合物线材料制成的。他们是怎么想到用自己研发出的细菌纤维素织成线,再做成仿生水凝胶手术缝合线的呢?

赵玉祥笑着说,这次创业,其实来自一个用户需求。“俞老师的一位朋友是医生,有次来我们实验室交流时聊到,他们一线工作中,虽然进口缝合线好用,但太贵,患者经济压力大,国产又没有同类产品。俞老师就问同学们,我们能不能做出一个性能相似的材料来,减轻人们的看病压力呢?”

“你们现在算是完成了军令状?”

“目前在实验室阶段技术较成熟了,但真正上市还要做各种临床试验,大概还需要两年时间。”

不过赵玉祥信心满满地说:“这款线具有高生物相容性、高含水量、低刺激性和低摩擦阻力等特点,在保护受损组织、促进伤口愈合及减少不良反应方面,都具有较大的优势,很有希望成为下一代新型高端手术缝合线。”

“据我所知,国外手术缝合线市场很成熟,你说的这些产品性能人家也能做到吧。”

“是的,他们能实现这些功能,但用的技术和我们完全不一样,用的也不是细菌纤维素材料,而是另一种高分子材料。”

“效果一样,你们的竞争力在哪里?”

“国外同类产品售价大概在110美元,要700多元人民币。我们有自主知识产权,可以把成本压到很低,缝合线是一种医疗耗材,还是很值得努力的。”

科研和创业,秘诀都是坚持

这场访谈进行时,正是新冠病毒猖獗时。

我求教赵玉祥:“病毒和细菌有什么区别?”

她解释:“最基本的区别就是,病毒是无细胞结构的,而细菌是有细胞结构的。所以病毒可能不属于生物,但细菌一定是生物。”

生物都具备细胞结构,能用抗生素等来直接破坏细菌的细胞结构,从而消灭细菌。但像青霉素这样的抗生素,对病毒束手无策,只能依靠人类自身免疫力去清除。笔者一下就搞懂了新冠病毒的可怕。

在与赵玉祥聊天的过程中,发现在我这个门外汉眼中的恐惧,在这位化学硕士眼里,却更多是好奇与探索。

“自然界为我们的研究提供了很多灵感,因为自然界中有很多神奇的结构,对于我们研究材料学来说,观察到它有某种性能,就特别想知道,它为什么会有这样的性能呢？得分析它的结构，这个结构有可能是从分子到微观尺度的结构，或者它的纳米级微观结构是缠绕的还是螺旋的，还有别的什么结构，或空心管的。不同的结构都会对应不同的性质。”

笔者听得一头雾水，赶紧转移话题：“别人都觉得科研苦，每天在实验室一泡就是十几个小时，你觉得你自己的专业最有魅力的地方在哪里？”

“都说化学和材料学不分家，虽然我是做化学的，但也在做材料方面的工作，研发性能优秀的材料。我觉得它的乐趣在于，你想追求一个非常好的性能，其实有很多手段，当然，有的比较方便，有的需要绕一下，可拓展的方向非常多，我自己是这样理解的。其实，我在本科期间就接触过细菌纤维素这种材料，感觉它其实是我科研的起点，一开始接触就觉得很神奇，因为建立起了非常好的科研兴趣，后来来到中国科学技术大学，报考了俞老师的硕博生，他给的一些科研方向非常有趣，我们在完成一些科研任务的同时，发现里面的乐趣非常多。”

赵玉祥的硕、博导师都是俞书宏院士，这次的创业导师也是俞老

师。谈起恩师,她说:“我最佩服俞老师的一点是,他非常努力,虽然现在已是院士,但还是每天早上7点上班,晚上11点下班,日日如此。和我们交流课题时,俞老师思维非常活跃,我们提到一个小小的模糊的想法,俞老师立刻就能指出,哪个方向你可以尝试,他思维开阔,对科研充满了热情。”

在我上大学的年代,女博士被戏称为“第三种人类”,因为太稀少了。现在,像赵玉祥这样的女博士越来越多。我也很好奇,女生做科研需要哪些素养呢?

“读博和创业,我觉得都是需要沉下心来做一件事情,坚持去做,都不容易。科学研究更是一种攀登,要做很多创新性方向,做很多没做过的事,从文献里得到的知识是有限的,需要自己不断迭代最新的知识,可能才能解决一个小问题。我觉得最重要的,还是坚持。俞老师在科研上已经做得很好,依然每天花很多时间在实验室。”

我笑了:“你可真是俞书宏老师的头号粉丝啊!”

项目价值

2018年,全球手术缝合线市场高达34.988亿美元,其中,北美地区占据35.28%的市场份额,欧洲和亚太地区紧随其后,分别占据27.64%和22.92%的市场份额。预计到2027年,全球缝合线市场规模将达到50.63亿美元,复合年增长率为3.8%。

近几年来,我国缝合线市场规模的年复合增长率为19.9%左右,随着国内医疗质量要求的不断提高,我国缝合线市场的需求也在进一步增加。而国内外较大的产业差距也提供了巨大的市场机会,综合性能优异的高端手术缝合线产品具有非常大的市场潜力。

《中国制造2025》文件指出,国家将大力推动生物医药及高性能医疗器械等重点领域的突破发展,提高医疗器械的创新能力和产业化水平。此外,《中华人民共和国国民经济和社会发展第十四个五年规划和2035年远景目标纲要》中也着重指出,要提升制造业核心竞争力,推动高端新材料取得突破,加强生物基和生物医用材料研发应用。

基于细菌纤维素优异的生物活性和理化性质,结合仿生结构设计,愈宁科技制备了一种具有仿莲丝微米螺旋结构的可拉伸不回弹水凝胶手术缝合线。该仿生水凝胶手术缝合线兼具较高的强度和韧性,同时具有优异的亲水性和生物相容性,此外,仿生螺旋结构还赋予了该材料与人体皮肤相近的弹性模量,在伤口处受力变形时,仿生水凝胶手术缝合线可有效缓冲并吸收能量,并与人体组织实现同步形变,从而避免割伤伤口造成二次伤害。

这也是国际上首次实现将水凝胶加工为用于手术缝合线的纤维材料。相对于传统的棉线或聚合物线,仿生水凝胶手术缝合线具有高生物相容性、高含水量、低刺激性和低摩擦阻力等特点,在保护受损组织,促进伤口愈合以及减少不良反应方面都具有较大的优势,将有望成为下一代新型高端手术缝合线。

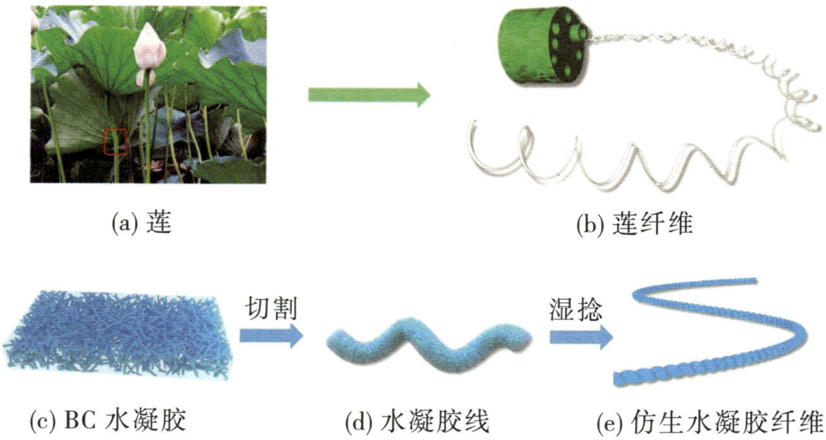

(a) 莲　(b) 莲纤维

(c) BC 水凝胶　(d) 水凝胶线　(e) 仿生水凝胶纤维

仿生可拉伸不回弹水凝胶手术缝合线的制备方法

不仅如此,仿生手术缝合线成本也更低,结合市场定价,只有 PTFE 手术缝合线的一半,但仍有较高的利润空间。

未来几年,愈宁科技将探索仿生可拉伸不回弹水凝胶手术缝合线的大规模制备,并继续开发其他具有特殊功能的产品,针对现有产品的不足不断改良,不断推出新品,用自主研发的科技能力,努力提高我国医疗器械的创新能力和产业化水平。

访谈心声

主持人:你是学化学的,现在做的是医疗耗材项目,是不是还需要懂得一定的医学知识?

赵玉祥:是的,压力也比较大。俞老师招了一些医学专业的博士后来参与这个项目,我们的指导老师中,有一位是安徽医科大学附属医院泌尿外科的医生,也给了很多在实际应用上的指导意见。

主持人:做科研和做产品,差别还是很大的吧。

赵玉祥:我个人理解,科研还是相对纯粹、简单的,有一条固定的路线,虽然不一定那么明确,可能需要多试几次。拿我们做材料来说,肯定希望能开发出一种性能非常好的材料,就会根据想要的性能,倒推材料的结构,再从结构倒推到分子层面,只要逐步探索,基本就能完成整个科研工作。但创业就非常复杂,虽然好的技术是最核心的部分,但也只能占据一定的比例,如果想创业成功,需要非常多的外部条件来匹配。有时,科研一个人单打独斗就可以,但创业必须依赖团队,需要大家志同道合,一起合作。

主持人:既然创业团队那么重要,你是如何搭建的呢?

赵玉祥:我们的项目还处于创业的起步阶段。现阶段的业务推动主要还是依赖技术研发,所以目前团队是材料学和生物医药学相结合的团队,成员也主要是来自中国科大的同学。后期根据项目的不断推进,团队也要做不断的优化。

主持人:这个项目里,有医生做指导老师,他们一线的医生是怎么看待这个项目的?

赵玉祥:大家也深度讨论过,医生们一致认为,如果这个项目能做成功,会非常厉害。因为这款材料的成本很低,同样的手术缝合效果,售价却比进口缝合线便宜很多。医疗耗材的降价对老百姓来说肯定是好事。最重要的是,外科手术里,手术缝合线的需求量非常大,产业能成规模,所以这个项目的商业前景还是很好的。

主持人:当初怎么找到这个市场缺口,想到往这个方向研发呢?

赵玉祥:项目的起步其实源于俞老师给我们的一个课题。他的一位医生朋友在与我们实验室交流后提出了需求,国外进口缝合线虽好用,但太贵,国内又没有同类产品。所以,一开始我们接到的是一个“命题作文”,大家努力尝试,看看能不能做出一个性能相似的材料。

主持人:现在算是做出来了?

赵玉祥:应该说是做出了效果更好的新型材料。

主持人:我看商业计划书上写,国内目前无同类型的竞争品牌,那国外有类似产品吗?

赵玉祥:有的,但他们售价很贵,大概在110美元左右,折合成人民币要700多元。

主持人:你们产品的成本呢?

赵玉祥:我们是自主研发,成本较低,虽然这款材料的结构相对复杂,但在实验室就能做出来,稍微扩大一下产能也比较容易。

主持人:现在实现量产化了吗?

赵玉祥:还没有,目前还在实验室阶段,后续的动物实验也正在同步进行。做完动物实验后,还需要做临床试验。一种全新的医疗产品面世是非常严谨的。

主持人:预计到真正临床应用还需要多长时间?

赵玉祥:大概还要两年时间。

主持人:祝愿你们一切顺利,能真正将这种好的医疗耗材的价格降下来,一定是一件利国利民的大好事。

青春独白

科技进步对国家的发展非常重要。作为一名科研人员,需要从年轻时就投入巨大的努力专注在自己的专业上,才有可能做出一些利国利民的科研成果。做科研确实是一件“路漫漫其修远兮,吾将上下而求索”的难事。

科技的范围非常广，我也只能基于自己了解的化学材料专业，来谈谈看法。在我看来，材料的发展影响着时代的进步，我们常说的青铜时代、白银时代、黄金时代，都是以材料的发展来命名时代的进步，可见，材料的进步对人类文明的发展至关重要。

有人说，做科研很枯燥，不理解你们为什么每天在实验室一待就是十几个小时。其实，像我现在做的仿生材料实验是很有趣的。你会很惊讶，有些材料的结构为什么能产生这么美丽的性能；大自然中材料的结构为什么会如此神奇。越想一探究竟，就这样一步步走下来了。科学研究其实充满了探索的乐趣，创造也需要充满想象力，这些都让人着迷。

做科研确实需要兴趣，所以科普工作就变得非常重要。我很希望有机会为更多的青少年传播一些有趣的科技知识，激发大家科研的兴趣，才会有更多优秀人才愿意投身到科研领域，这样创新创业的精神才能一代代传播下去，真正落到实干中去。

专家点评

项目人认为“科学研究其实充满了探索的乐趣”，其实创业同样也充满了探索的乐趣。

创业，开头会有很大的付出，因为你做的事情并不是一件安稳的事情，没有保障，充满风险。你经常会失败，经常会失望，经常处于痛苦和沮丧之中，但这是一个充满刺激的过程。在这个过程中，你的能量得到最大限度的发挥，你还会遇到很多新的事、新的人，让你整个人生和你所处的圈子发生变化。这是一个蜕变的过程，虽然艰辛，却能让人对生命有新的感触。

成功者在成功以后最爱回忆的总是最初那段日子。想起打地铺，已经松垮的肌肉就会马上收紧;想起用洗脸盆盛回锅肉,马上就会口水流连。因为那是最艰难的,但也是最值得骄傲的。之所以在那样的日子没有退却,除了没有退路外,还因为其中充满乐趣。乐趣是人生最大的动力,只有对目标充满渴望,而且在创业的过程中享受到乐趣的人,才有可能走完艰难的路,获得最后的成功。

喻　敏

中科大资产经营有限责任公司成果转化部部长，

中国科大创新创业导师

创业是一场没有终点的自我探索之旅。你是谁，你将成为谁，只有你能定义。“接受无知和不确定状态才有更多的探索乐趣”，祝愿每一位创业者，以时不我待的朝气、功成不必在我的大气，去探索真理，书写无限可能。

智慧农田：多功能自动精准旱地作业机器人

多功能自动精准旱地作业机器人是欢星波智能团队着眼于智慧农田，致力推动国家农业智能化、自动化发展研发的一款产品。该项目希望以多功能自动精准旱地作业机器人为基础，打造一个集机器人品牌打造、研发、销售、服务组装集合于一体的企业链，填补国内在此领域的空白，成为行业领跑者，为"智能制造2025"贡献力量。

机器人在提高农业生产效率、改善农业机械生产粗放现状、节约农业物质与能量资源、保护生态环境等方面取得了突出成效，具有重要的示范意义：将人工智能创新性地应用于农业领域，推动发展智慧农业，促进我国农业现代化、智能化进程，符合我国农业发展新趋势；节省农药资源用量，限制有害物质沉降，最大限度保护土壤有机生命，维护生态环境；降低能源消耗，使用清洁能源太阳能和锂电池组合，可取代依靠使用柴油、汽油等不可再生能源发电的机器，同时减少了有害气体的排放；降低作业成本，提高田间工作效率，提高农业生产经济效益；推动农业种植方式改良，提高农业行业基础创新力。

多功能自动精准旱地作业机器人以YOLOV3算法为基础，创新性地实践了“人工智能+农业智能机器人”的理念，自动规划行驶路径，自动识别杂草、农作物及害虫，自主检测故障；机器人轮胎侧面配备刀片防止杂草缠绕，表面覆盖防滑链以防止打滑，架构稳定，行走平稳快速，智能化程度高；采取双水箱搭配双喷头的结构，既可单独装载除草剂、除虫剂、肥料进行除草、除虫、施肥，也可采用自由搭配双模式并行作业，多功能结合，机器利用率高。

核心团队

许华旗

中国科学院等离子体物理研究所硕士

陈波涛

杜培松

高欢欢

王巧玲

陈镇

STORY 创客故事

欢波星智能团队的“英雄梦想”

2022年12月18日晚11时,许华旗准时坐在电视机前收看卡塔尔世界杯的决赛:阿根廷对阵法国。

作为一名中国科大科学岛分院的研究生,与众多年轻人一样,在科研之余许华旗对足球有着发自内心的热爱,对足球比赛包括足球本身也有着自己独特的理解和认知。他一直期望着潘帕斯雄鹰能够夺冠。

许华旗爱看球,自己也踢球,在场上打左边锋的位置。虽然热爱,但是足球并不是他的“主业”,更不是全部,正如阿根廷夺冠后解说员贺炜借用阿根廷诗人博尔赫斯所言:“任何命运,无论如何漫长复杂,实际上只反映于一个瞬间——人们大彻大悟自己究竟是谁的瞬间。”在他的生活中,更让他着迷的是科创。

此前,他和好朋友一起自主研发了数款“多功能旱地精准作业机器人”。如今,他依然执着于自己的“英雄梦想”:为乡村振兴赋能,助力中国农业现代化征程。

做一件有意义的事情,时间总是能挤出来的

眼下,许华旗正在中国科学院等离子体物理研究所攻读研究生,他的研究方向是“人造太阳”托卡马克磁约束聚变堆包层材料。这与他参与的“多功能旱地精准作业机器人”完全是两个赛道,用他自己的话来说就是:完全不挂钩。辅导老师曾问他:“你这样‘不务正业’以后怎么毕业呢?你总不能拿这个项目作为毕业设计吧?”许华旗给出的回答是:“不

会的,我觉得只要你肯挤出时间做一件有意义的事情,时间从来都不是问题。而且,在自己不熟悉的领域探索,离开舒适区,反而会发现更多很有意思的事情。”

许华旗说得有意义,很大一部分就是指他参与研发的“多功能旱地精准作业机器人”项目。这个项目发迹于湖南,脱胎于长沙理工大学的实验室。当时,许华旗正就读于武汉理工大学材料学院,在一次去长沙游玩的偶然机会,许华旗在参观完这个项目的相关内容后,也欣然地接受邀请加入了团队,并逐渐着迷。从此,只要有时间,他就在武汉、长沙两地来回奔波,四个小时的硬座路程,从来都是周五傍晚武汉至长沙,周日晚上长沙至武汉。如今,在等离子体所读研的他,选择了去北京做更具挑战性的课题,因此仍需多地辗转,虽累,他并不觉得苦,就像对足球一样,因为热爱,所以执着。当然,其中还有那一份对农业的情结。

许华旗说,他们初创团队有好几位都是农村出来的孩子,天然对农村、对农业有种难以割舍的感情。在他们看来,与国外农业发展相比,我国存在第一产业劳动力结构失衡、人工成本高,水肥资源浪费严重,化肥农药污染严重,人工智能发展落后,农业机器人智能化程度低、功能单一、耗费成本高等多项新旧痛点。

是否可以设计出一款机器人,通过大数据、算法等现代科技来解决这些新旧痛点呢?许华旗和他的欢波星团队进行市场调研后,认为是可行的,而且考虑得还比较长远。

冬日的一个下午,坐在中国科大创新创业学院,许华旗算了一笔账:“在我们这一代人长大之后,没有那么多的农村劳动力了,怎么办?自动化代替是大势所趋。再一个是化肥农药的问题,现在化肥农药过度喷洒,利用率极低,仅达30%多。举个例子,农民的水大肥多的思想根深蒂固,他们所喷洒出去的药量,可能有80%都是多余的。我们现在通过机器人实现精准施肥，根据不同农作物的需要，对不同行间距、不同密度的作物进行精准施肥。另外，长期暴露在温室大棚的高碳、缺氧、高温环境，长期和化肥农药接触，对作业者的身体健康危害是很大的，我们要通过自动化的智能机器人代替人工做这件事情。"

许华旗给出的理由还有很多，比如直接关乎食品安全和人体健康的农药残留问题；只要及时更换电池，机器人可以连续24小时无休作业；因为有算法的"加持"，它还可以精准识别农作物和杂草，进而能实现精准除杂草。

如今，说起来似乎云淡风轻，但当初做起来并不容易。从模型到算法，从实验室到田间地头，从试验品到产品再到商品，许华旗和他的团队度过了一个个难眠之夜。

"最终能让老百姓拿着能用、用了说好"

事非经过不知难。在这些无眠的夜晚，许华旗和他的团队通过软件，做模拟、做分析、做迭代，机械臂最长是多少才适合？两边水箱最重是多少？还有机械，上下的距离、前后的轴距、左右的轴距……最终完全自主设计出了"多功能旱地精准作业机器人"。在此期间经历很多的磨炼，花费了很长的时间，也经历多次的失败与调整。但是，许华旗认为很值得，因为这是他们的"孩子"。

"孩子"当然是团队共同精心培育出来的成果，而当初之所以命名为"欢

波星团队”,是用了初创队员的名字,各取了一个字。其实,随着团队成员陆续毕业工作离开团队,这个名字已经“名不副实”,但是依然沿用至今。许华旗介绍,现在团队不到十个人,属于松散型的组织,最主要的成员就是他和另外一个关系非常好的朋友。他们虽然都有继续做下去的愿景,但是也一直在探讨是否需要成立公司,从而实现从创新到创业的征程。用他自己的话来说:“做项目我是有时间,但是做公司这件事情上,还没有太多的时间,因为我现在主要精力还放在学业上。”

无论今后创业与否,许华旗说自己都想把这个项目做下去。让他坚持的出发点有很多,其中有两点让他感触最深:一个就是在他的家乡宁夏,大棚在带动西北农业发展的同时,对大棚的过度使用、对地下水的超采、土地盐碱化的问题也十分突出;另外就是他们在农村推广机器人时,农民直接拒绝,给出的答复是:“我们不需要,我们下一代不种地了。”

土壤污染的问题如何才能解决甚至避免?不种地,未来谁来守护我们的“粮仓”?谁来保护我们的粮食安全?

这些问题时常困扰着许华旗,也因此让他有了更多的思考。“举个例子,航天我们做得挺好的,但是反过来看最基本的东西,回归农业上,我们跟国外的差距越来越大,这是我们最困惑的事情。”在许华旗看来,虽然中国在很多方面的技术发展都很好,实现了自动化,比如平常用的牙刷是电动的,扫地机器人是自动的,自动驾驶也逐渐从试验走向现实场景,但是我们农业还是几百年前、几千年前流传下来的最古老的方式。“这其实是脱钩了,现在提出来乡村振兴,让很多耕作的人回到黑土地里去,保证粮食安全。所以,我觉得我们有一个很好的时代背景,也是我们当代大学生的一种神圣使命。”

使命在肩,必须脚踏实地。许华旗坦言,他们现在最主要的任务还是产品的研发,进一步把成本降低,再让它更加智能化、自动化,最终能让老百姓拿着能用、用了说好，那才是他和团队最大的成就与幸福。

"从初心上来说，我认为我们是对的"

虽然还只是一名在校研究生，机器人项目刚刚起步，但是，许华旗深知，产品从研发到落地，再到推广以及未来大规模应用，这中间还有一段很长的路要走。但是，对自己热爱的项目，许华旗一直在坚持。犹如阿根廷人对世界杯冠军的渴望和36年不变的坚持、奋斗、拼搏。

许华旗说，他已经与湖南当地的农业合作社有接触，产品也有了订单，项目得到了中国科学技术大学双创资金的扶持，这些都是"美好的开端"。他现在执着的还是与团队继续打磨优化产品。在他看来，最终成功与否要看如何定义。"至少我们现在把它做出来了，已经有地方在用，而且有很好的反馈，说明我们的产品是有前景的，至于最后能做到什么样子，能扩大到什么范围，达到什么样的市值，现在说这些太遥远了，因为我们都还是学生，我们团队还是学生团队。但是，从初心上来说，我认为我们是对的。"

不忘初心,方得始终。谈吐之中,这位从宁夏固原走出来的西北小伙子流露的是坦诚,更是务实。一个最直接而又鲜明的例子是,许华旗和他的团队发现了一个很严重的问题:他们研发的机器人对农民来说,价格实在太贵了。不管是买还是租,农民都无法承受,根本不会因此而买单。怎么办?于是,他们把目光投向了农业合作社,把机器人的工作场景设定在了大棚之中。这一重新定位为他们的项目产品找到了方向。

经过一段时间的摸索之后,如今的许华旗说自己现在对农业方面有一定的了解,对机器人有一定的了解,商业化、市场化方面也知道怎么推广和落地,积累了一定的心得。“我们更希望的是做的这个东西用在农业上,真的能够帮助到农业、农村发展,这是我们的初心,是我们要实现的目标;或者说,至少可以解决一部分问题,让一些农民作业者身体更健康,让一部分土地没有那么严重的污染,让农作物更好一些,我觉得这样就可以了。”说这话时,许华旗语气淡定,充满了自信。

卡塔尔世界杯决赛结束时,央视解说员贺炜动情地说:“我们为什么深爱着足球这项运动,因为它不仅展现了球员们励志的奋斗故事,还寄托了我们普通人平凡生活中的英雄梦想。”许华旗很喜欢这段充满激情的解说。他说,每个人都有自己的梦想,科创事业就是他为之奋斗的“英雄梦想”!

项目价值

随着近年来工业机器人的销量增速放缓以及全球人口对粮食需求的不断增加,劳动力短缺和成本的变化、天气条件的改变,使得农业机器人的需求日益渐增。与国外相比,我国农业机器人行业起步较晚,规模较小。而随着政府支持的不断加深与社会各界资本的不断注入,中国农业机器人行业将迎来黄金发展时期,行业市场增长率将得到显著提高,行业需求也将高速增长。

多功能旱地精准作业机器人由四大系统、一大框架构成。四大系统主要包含作物杂草精准识别与控制系统、智能路径规划系统、供电系统、故障检测系统;一大框架为机械框架-轻便机身。

机器人运用人工智能、物联网、机器视觉、激光雷达导航、太阳能储能等技术精准识别农作物、杂草、路径与土壤,集除草、施肥、除虫等功能于一体。

产品实物图

该产品的技术创新点包括:

(1) 视觉精准识别算法——机器人基于YOLOV3算法,采取一种N-E-YOLOV3多目标实时检测算法,最大视觉输入56 fps,mAP提高3.97%,平均置信度(识别率)达到93%,在小目标检测识别上得到明显提升,大幅提高了作物与杂草的识别率。

(2) 双喷头+双水箱设计:机器人装有双水箱双喷头,既可以实现单独对作物喷洒除草剂/除虫剂/肥料进行除草/除虫/施肥,也可以装载任意两种不同的溶液采取并行模式同时进行两项工作,提高了工作效率,机器利用率高。

(3) 太阳能+锂电池组合:机器人主要依靠36 V、20 Ah的锂电池发电,搭配一块80 W的太阳能板进行辅助供电,依靠光电传感器调整太阳能板角度,提高了太阳能利用效率。锂电池和太阳能板相组合为机器长久工作保驾护航,保证机器人具备超强续航能力。

(4) 防滑防缠绕轮胎设计:机器人轮胎表面覆盖防滑链,有效防止在田间行走时出现打滑现象,保证在寒冷冰冻天气也能照常使用。

(5) 轮胎侧面安装刀片,在机器人行走过程中迅速割断轮胎附近杂草,防止杂草缠绕机器,确保在田间行走平稳。

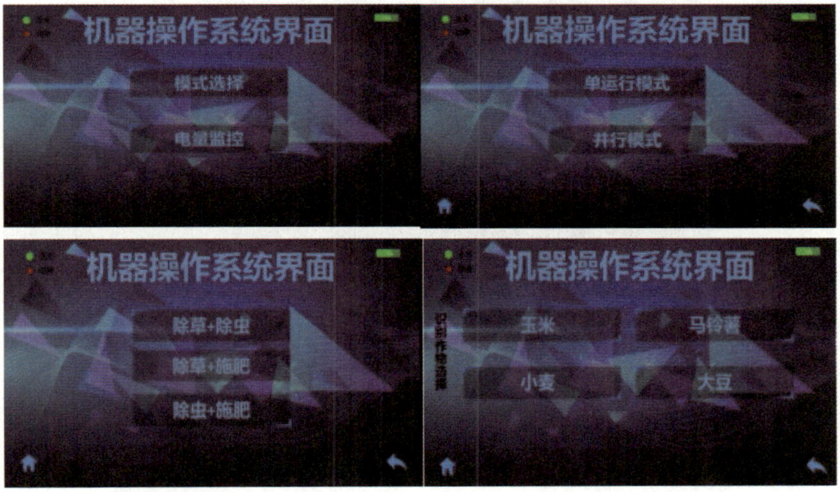

机器人显示屏模式选择界面

目前,该团队申请国家发明专利权14项;申请国家实用新型专利3项,在运动控制、机器视觉、机器人结构、网络技术等领域均拥有核心技术优势。多功能旱地精准作业机器人填补了国内市场空白,同时根据中国农业市场的需求,不断创新产品,提出多项技术创新点,使产品更加贴合市场。目前团队正在进行第三代机器人的研发与加工,多项技术处于行业领先水平。

访谈心声

主持人：你觉得你们的智慧农田机器人的核心竞争力是什么？是算法还是智能化？

许华旗：软件上是算法，就是我们的精准识别。我们可以精准识别杂草和农作物，识别率为93%~97%，识别率已经很高了，这是第一点。第二点是我们的路径规划，它在前进过程中，如果前面没有作物或者前面没有障碍，会报警停下来，会重新规划路线，都是自动的。我们在如何把它做小的同时，让它承担更多的工作量，让它效率更高，这是我们硬件方面要做的事。

主持人：怎么样才能让机器人实现定量施肥和浇水？

许华旗：我们通过大数据分析，这种农作物需要多少这个元素、多少那个元素(这个是最终需要实现的，我们现在事先设定好)，我们平均一下，可以算出来一株植物需要浇多少水。通过这种算法，让机器人在行走过程中进行浇水。

主持人:杂草和农作物区别也是通过算法算出来的吗?

许华旗:也是通过算法算出来的。我们提前采集数据,确定好服务对象是某种作物。我们可以专门针对这种作物进行重新训练,很容易实现区分不同作物。

主持人:对作物有没有什么要求?比如作物不能过高或过低。

许华旗:机器人可以升降,高度可以调,但我们主要针对的是幼苗,而且主要针对的是大棚作物。大棚的植物高度是有范围的,不会高于机械臂的高度,我们这是经过充分调研的。

主持人:在有些平原地区,无人机施肥、喷洒农药已经在用了,有的用上了无人机来工作。这些器械和你们的智能机器人有什么区别?

许华旗:最主要的一点是无人机在大棚里面飞不起来;另外,它的充电周期和成本比机器人高很多,而且它顶多能实现施肥,不能实现除草。而且现在机器人也是施水肥,我们最后要实现的不是水肥,而是氮肥,真正贴近农民,解决他们的需求。无人机洒农药,有植物的地方它洒,没植物的地方它也洒,做不到精准。

主持人:你们机器人体积也不大,有多重?

许华旗:30 kg,一个人可以把它抬起来。

主持人:行间距有没有要求?可以调吗?

许华旗:可以调,我们现在做的最新的一款就是仿生四足的。四足不仅高度可以调,行间距也可以调,因为不同植物种类的行间距是不一样的,所以我们最新设计的这款能够随意调整,灵活性更好。

主持人:设计这些机器人花费了不少精力吧?难度大吗?

许华旗:我们目前能达到这样的水平,也是经历了很多的磨炼,花很长时间做出来的,在算法上是我们自创的。我们通过软件,做模拟、做分析、做迭代，最终确定机械臂最长是多少才适合，两边水箱最重是多少，还有机械上下的距离、前后的轴距、左右的轴距……完全都是我们自己设计的。

主持人：看起来确实挺复杂的。但是，产品从研发设计到落地推广还有一个漫长的过程，如果市场不及你的预期，你会选择放弃这个“孩子”吗？

许华旗：目前不好说，我们希望有更多的尝试和应用。当然，产品已经开始在小规模市场使用了，后面还有很多的工作需要来完成，需要政府、社会等各方面共同的努力。针对这个项目，我的想法是继续做下去，不管是我在求学还是工作，肯定是我们主导，会去找一些学生或者找一些新成员加入进来继续推广，做下去。

青春独白

很多创业是资本或利益推动的。很多项目首先考量的是这个市场有多大，能给我们带来多大的经济利益，是从商业角度考虑的。但是我们不一样，我们最开始的时候没过多考虑经济效益，当时想的是现在农业劳动力减少，我们要去帮助他们改善作业方式，改善健康状况，改善土壤污染和农药残留的问题。这是我们的初心使命，也是我们青春报国的最好实践。

专家点评

大规模农业生产的发展，对农业信息化提出了新的要求。首先，少量农民种植大量土地的状况，必然需要更多信息化和机械化手段的支持。传统的农业生产模式已不适用于大规模农业生产的需求。以现代信息技术和自动控制技术为代表的数字化农业成为了现代农业生产的必然需求。但是,真正要将新的技术在农业生产中推广应用,还有大量问题需要解决。

首先是基础核心技术短缺。目前,我国农机行业在主要粮食作物耕种收环节机械化程度达到了较高水平,但丘陵山区、经济作物、畜牧养殖等很多领域的农机产品有诸多空白点;高端耕整机具、精量免耕播种机、大马力动力换挡拖拉机、打捆机的打结器、采棉机的采棉指等关键零部件等仍然依赖进口。

其次是科研开发不够、科技创新能力薄弱。我国农业装备行业人才培养和储备不足,在原始创新、学科高端人才以及人才培养方面与发达国家相比存在差距,农机装备制造企业作为科学技术产业化的最终主体,未能形成整合行业高端科研资源的优势。我国农机行业科研开发不够、科技创新能力薄弱。更大的挑战是农民自身科学种植技能的提高,需要不断增强其学习现代科学种植技术的意识,尽快完成从传统农民向现代化农民的转变。

游浩方

安徽交控信息产业有限公司总经理，

中国科大创新创业导师

希望科创青年们在合肥这座科创名城里大胆创新、勇于实践，让科技之光照亮每一个“跃跃欲试”的双创青苗。

智慧雨洪：海绵城市建设的雨水收集专家

在全球化变暖与快速城镇化的共同影响下，城市自然地表被人工不透水面分割，雨洪灾害成为当前城市面临的重大风险之一。海绵城市是新一代城市雨洪管理概念，是指城市能够像海绵一样，在适应环境变化和应对雨水带来的自然灾害等方面具有良好的弹性，也可称为“水弹性城市”。

国务院办公厅2015年10月出台的《关于推进海绵城市建设的指导意见》部署推进海绵城市建设工作，到2030年，城市建成区80%以上的面积达到降雨就地消纳和利用。可见解决城市出现的各类水问题及相关的生态与环境问题，已成为我国政府部门迫切解决的重要课题，国内雨洪管理产业的发展也迎来了商机。

智慧雨洪科技团队自主研发的自动冲洗式雨洪资源利用环保装置，结合道路建设标准和雨水收集利用要求，基于现有的雨水排水管道铺设标准，以水力学为理论依据，利用自动控制、渗水砖、立式入水口等细节设计，集"渗、蓄、排、用"于一体，在解决道路积水的前提下又能够蓄积雨水，达到雨水资源均时性再利用，提升城市排水系统设计和资源环保，使城市既有"面子"，更有"里子"。

核心团队

邱威

工程科学学院博士生

吕成亮

陈舫

李孟珈

刘泽蓬

张胜江

创客故事

让城市的自然土壤能够像海绵一样"会喝水"

近年来,我国各大中城市内涝灾害频发,"城市看海"逐渐演变成大中型城市建设的顽疾。特别是汛期到来,随着一波接一波的暴雨降临,整个城市显露各式"水浸街"的窘态,城市的交通运输、人民生命财产安全受到了巨大的威胁。

积极推进建设自然存积、自然渗透、自然净化的"海绵城市",实现雨水资源化管理和利用,实现城市更加宜居和可持续发展,已经是刻不容缓亟须解决的问题。

顾名思义,"海绵城市"就是要将城市改造成一块得以吸水、蓄水以及释水的"大海绵",把雨水变废为宝,实现合理的收集与再利用。

随着"海绵城市"成为水资源利用和生态环境保护领域的热词,国家住建部和地方政府扶持政策密集出台,新一轮的海绵城市建设正在如火如荼地进行,相关产业化市场规模巨大,也吸引着众多高校学子和投资者投入到这片创新创业的沃土中。其中就包括了中国科大工程科学学院近代力学系博士生邱威,2022年5月,他的"自动冲洗式雨洪资源利用环保装置"项目在中国科学技术大学第八届节能减排创新大赛中脱颖而出,获得二等奖。该项目在同年全国"互联网+"大学生创新创业大赛中获金奖,这让邱威再次感到无比的激动。

这段步步进击的参赛历程让我们不禁好奇:在让城市回归自然,促进人与水和谐发展的寻梦路上,邱威的背后有着怎样的创业故事?

从学生到研发者,要将科技成果转化为应用成果

邱威2015年就读于西北农林科技大学水利与建筑工程专业,出身专业使然,邱威对水一直有着特殊的感情,走到哪儿都会看看水是怎么流的,周围的水利设施是怎么建的。尤其对我国水资源短缺问题关注已久,邱威有着更深刻的了解和体会。他记得在做课程设计的时候,调查到几组数据:

我国是一个水资源严重短缺的国家,仅为世界人均占有量的1/4。

全国669座城市中有400座供水不足,110座严重缺水。

我国以雨水为主的天然降水利用率为降水量的30%~40%,尚有60%~70%的降水以地表径流和无效蒸发的方式损失掉。

邱威觉得,一方面水资源极度匮乏,而另一方面城市雨水落到硬化地面只能从管道里集中快排,修多大的下水管道都不够用,宝贵的雨水未经利用就付之东流,令人感到非常可惜。

他开始对海绵城市相关政策进行研究,围绕城市雨水的综合管理,并在雨水源头上提出了自己的解决方案,研究成果以《自动冲洗式雨洪资源利用新装置》为题发表学术论文。没想到的是,邱威从此与雨水结下了不解之缘。

2019年,邱威凭借优异的成绩和丰硕的科研成果,得到了中国科大近代力学系硕博连读的资格。从进校的第一天,邱威就感觉到了中国科大创新创业氛围非常浓厚,“科大硅谷”提供政策扶持,“科创驿站”给予场地办公,创新创业学院开设创业指导课程,“雏鹰”创业基金护航,鼓励学生们结合自己的专业特长,开公司办企业。

在学校创新创业氛围的耳濡目染中,“从学生转变为创业者”的想法好像在冥冥之中牵引着他。在求学阶段,邱威保持着对海绵城市的持续关注,在中国科大实验室一直从事水力自动控制技术的研究,并利用与智能控制、人工智能识图等相关产业企业进行合作来交流学习。

博观而约取,厚积而薄发。当初,邱威从水利与建筑工程跨越到力学,很多同学表示不解,但这段跨学科学习的经验,不但让他在专业知识上得到了拓展,也给邱威的职业发展与创新提供了新的多元化的机会。

在安徽省第八届“互联网+”创新创业大赛上,邱威与研究团队应“命题作文”要求,对本科时“自动冲洗式雨洪资源利用新装置”的科研成果进行重新开发设计。“从实验结果显示,装置的试用提高了45%的雨水利用率,节约了30%的雨水收集阶段成本,缩短了54%的雨水净化处理时间”,邱威对自己研发的“孩子”基础实验数据如数家珍。

在当天路演现场,邱威对升级后的雨洪装置进行冲沙阶段动画演示:“当带着泥沙的水流倒进了装置,经过弧形内腔初步分离,雨水快速无残留地下落至底部。水位上涨,浮球受到浮力而带动排水管口处水力自动闸门,与此同时,当水位下降到一定高度时,进水管口处闸门在压强差的作用下自动打开。具备压力差的雨水同时冲走弧形内腔底部的泥沙。”

专家对产品也不吝给予了高度评价:“该产品低能低碳,设计巧妙,体现了应用水力自动控制原理,能够实现在暴雨等特殊情况下高效的雨水收集和利用,对海绵城市建设有着重要的价值。”随后,安徽省省长王清宪在视察中国科大科创驿站的时候,也给邱威的产品和大学生创业团队点赞,并作出指示:“要将科技成果转化为应用成果!”

从研发者到创业者,在市场的大潮中浪遏飞舟

从一次次创新创业大赛起步,邱威一路走来,得到了很多锻炼,激发了他想创业的决心和意识。很多前辈和老师的鼓励与支持也为邱威未来的大胆尝试提供了一份信心和勇气。

“你的技术行不行,专家可以给你评价。但是一项技术落地成产品,是否真正地服务于大众,这个只能由市场说了算!”指导老师张常勇老师的这一句话深深触动了邱威,在创业的选择上,更给予团队最大的鞭策。

张老师肯定地对邱威说:“为什么不放开闯一闯,到市场的大潮中浪遏飞舟?海绵城市建设方兴未艾,你们的装置是从雨水的源头设计解决方案,是完全可以落地的,助力解决城市低影响开发、城市内涝和初期雨水污染等问题。”

瞄准机遇和挑战,2022年9月,邱威拉着工程科学学院、化学与材料科学学院、环境科学与工程系、信息科学技术学院、管理学院等院系的在读博士、硕士研究生,成立了合肥中科智慧雨洪科技有限公司,将自主研发的雨水污染控制与回用产品及相关做法,在合肥实现“产学研”落地和产业化生产。

作为一支大学生创业团队，智慧雨洪团队成员多为“95后”的年轻人，但他们都拥有创新力、敢尝试、敢拼搏的特质。但实际的创业初期，一项科研成果要向产业去落地做适配，都有一条漫长的路要走。

特别有意思的是，有一次团队需要对合肥市的雨水成分含量进行实验室测试分析，收集数据这事首先难倒了大家，数据既要覆盖到合肥市主要城区，又得收集到各个时间段的雨水，对于一个人手短缺、资金捉襟见肘的创业团队而言，只有一个办法：发动万能的朋友圈。

最后，团队成员成功在朋友圈中发动了亲朋好友，给支持的人送去采集工具和容器，这样才保证了雨水水质成分分析实验的顺利开展。

智慧雨洪团队虽年轻，但在大家的通力协作下，成功地依托中国科大环境科学与工程系、近代力学系、中国科学院重点实验室的科研实力，在水质的净化、水力学的仿真模拟方向持续发力，在雨污初分离阶段采用国际先进的有机物提取技术、智慧控制系统技术，高效去除城市雨水的有机物、悬浮物、氮磷营养物这3种主要目标污染物，雨水净化后达到回用标准。这一系列的技术突破让实验室的成果和实际应用有了比较好的结合。

在市场推广方面,邱威感到了明显的难度,还没有太多的经验可以总结。为了打入市场,邱威往往采取比较“笨”的方式,直接找到政府规划部门毛遂自荐,他带上装置模型和商业策划书,跑到当地建筑设计院以及节能办,介绍他的创业项目。

初心不改,立志于做海绵城市建设的雨水收集专家

到目前为止,智慧雨洪公司还没有形成实际的营收,对于这个现状,邱威并不觉得很尴尬。他说目前的工作安排,以打入市场为目标,营销和铺设实验路段为团队初期的核心业务。当下的主要任务还是多去实地调研,与主要的海绵城市和雨洪资源利用一体化方案生产团队建立合作关系,达成合作意向,以期快速进入市场。

为了多角度、多方面了解海绵城市建设情况,智慧雨洪团队首先前往宿迁市开展实地调研工作,走进身边的“海绵”示范点,一探雨水花园、下凹式绿地、地下雨水调蓄池等“海绵”元素的运用。作为海绵城市建设走在全国前列的样板城市,宿迁市的调研情况非常符合邱威心中对海绵城市建设的设想。

在新旧小区内,有些屋面采用“绿色屋顶”对雨水进行渗透吸收,而那些超过渗透能力的雨水,则经植草沟排入下凹式绿地或景观水体。在小区道路、休闲广场、停车场等地采用透水装置进行铺装,增加了雨水的下渗量。小区楼宇之间增加雨水渗透、净化和收集利用设施,起到对雨水径流水质净化和总量控制的作用,周围种植一些水生的植物,像鸢尾、花叶芦竹、石菖蒲,真正让小区实现了“四季有花草,雨天无积水”的美好愿景。

"人水和谐,人与自然合起来的感觉,这就是我理解的海绵城市。宿迁市的这些较为成熟和完善的设施给我们团队很大的启发,引发我们对自己研发产品的深入思考。"

在调研完成以后,一方面,智慧雨洪团队形成了调研报告,丰富了课题的实践背景。另一方面,团队重新完善项目,形成了专项课题、沿途下蛋等的思维模式,成立了污水净化处理一体机、雨水收集pp模块、雨水水质监测系统三个专项研究小组,分别进行研发,采取"渗、滞、蓄、净、用、排"等措施促进雨水资源的利用和生态环境保护,趋利避害,让城市的自然土壤能够像海绵一样"会喝水"。

在采访的最后,邱威聊起了古徽州建筑中典型的"四水归堂"设计,雨水通过四边倾斜的屋角,将房屋的雨水都汇聚起来,流到下方的天井之中,正所谓"肥水不流外人田"。"我希望智慧雨洪也能传承到古人'珍惜雨水,保存雨水'的朴素环保理念,成为海绵城市建设的雨水收集专家。"

邱威说这句话的时候非常笃定,他对公司未来的发展定位非常清晰。也让我们祝福这支年轻的创业团队,在合肥这片创业的沃土上披荆斩棘、终有所得。

项目价值

因国内雨洪管理相关政策制定较晚,大部分的雨水都未经利用直接排入城市水系,旧有城市管网规划设计比较落后,造成了很多城市的内涝问题。城市的发展带来硬化地面的增加,雨水无法渗入地下,造成了城市路面积水和低洼地段内涝十分普遍。因此,怎样合理地规划布局管网和加强城市排水系统的管理,实施海绵城市的可持续雨水循环系统设计很关键。

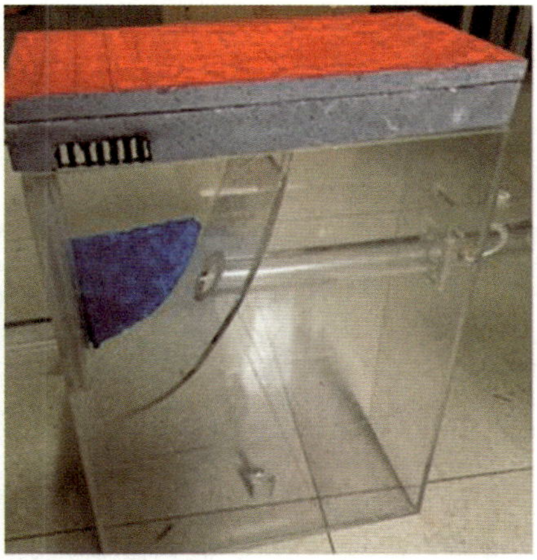

装置整体装置图

针对实现雨水的自然积存、自然渗透、自然浑化,解决城市在雨季面临的积水问题,智慧雨洪项目研发的自动冲洗式雨洪资源利用环保装置,在原有雨水排水管处加装集蓄水、用水、排沙、过滤于一体的装置,做到以水之能、疏水之患、达水之利。

装置重要创新点:第一是下水道口采用了立式入口,增大入水口口径,使得道路雨水可以更高效快速地汇集下落,初步防止路面下水道口堵塞,减缓路面积水压力。第二是在原有雨水排水管的基础上加装了小型蓄水池用于贮存雨水,缓解原有总雨水排水管的疏水压力,底部以太阳能供能的抽水装置,将暴雨等情况下的大量雨水过滤后用于绿化带的灌溉,借助绿色能源达到了雨水资源的均时性再利用。第三是装置上半部分嵌套了一弧形内腔,雨水在其中可快速无残留地下落至底部,便于雨水中泥沙的沉积以实现初步分离,并最终利用进水管中的雨水冲走弧形内腔底部的泥沙,解决了泥沙淤积在装置内部的问题。第四是装置的进水管口闸门利用管道与弧形内腔的压强差自动打开,排水管口闸门由浮球滑槽衔接,两者共同利用水的浮力和压强做成了自动联动式闸门。第五是弧形内腔侧边与小型蓄水池上部采用了特殊材料——渗水砖,其制作成本较低,具有阻隔泥沙的同时快速渗水的功能,呼应了当今“海绵城市”的思想理念。

访谈心声

主持人:我了解过国内海绵城市试点建设,包括合肥,每当暴雨不请自来,城市频频出现“看海”现象,你们的项目能解决什么问题呢?

邱威:内涝灾害、雨水直接排放造成严重污染等城市痛点,归根结底是纵横交错的雨洪管理系统出现了问题。我们的智慧雨洪项目首先能解决雨水收集问题,从空间上做一些文章,项目装置的密集排放雨水收集模块相当于在地下建蓄水池,增加了雨水总体存蓄量。其次解决雨水调储问题,从时间上做一些文章,当雨水大时把水存起来,干旱时需要用水还能吐出来,将雨水用于绿化灌溉、生活用水、景观补水。

主持人:国内海绵城市建设比较好的案例你有了解吗?

邱威:比如首批全国海绵城市示范城市宿迁,他们有这样的案例,我们今年暑假实地调研宿迁,几个示范小区建造设计时配置有生物滞留池、透水铺装、植草沟、雨水花园、下凹式绿地等设施,将雨水调蓄池与水体景观结合,全力打造了兼具景观效果和储蓄雨水功能的生态宜居小区。

主持人:你们的项目在一些城市落地试点了吗?

邱威:目前准备做试点,已经联系了几个地方。在宿迁等海绵城市调研中,我们了解到海绵城市建设迫切需要像我们这种自动冲洗式雨洪资源利用环保装置,能把雨水、污水分离出来。

主持人:合肥也需要。你说宿迁是国内做海绵城市做得比较好的城市,和其他城市相比,你对他们印象最深的是什么?

邱威:他们新建的小区有几个特点:一是有地下水循环机制,地面上是一个水池子,地下连的是其他地方需要灌溉的地方。二是小区里面比较常见地使用了渗水砖,有点类似于塑胶的砖,但是它脆性不够,车过去的时候,容易把它压坏。三是它建立了一个比较好的生态环境,相当于什么样的水体适宜种植什么样的植物节流比较好,他们会建造这样的生态环境,相当于人与自然合起来的感觉。

主持人:你是工程科学学院近代力学系博士,怎么会想到在雨水治理环保领域进行创业?

邱威:确实是偶然中的必然,我本科学的是水利水电,当时在《水资源与水工程学报》发表了一篇有关自动冲洗式雨洪利用新装置的论文。时隔多年后,在中国科大读博期间参加了一个节能减排创新比赛,当时的指导老师感觉这个挺有意思,可以结合水力学的理论,升级原有的装置。后来我又陆陆续续参加了一些商业路演,得到很多前辈的指导,也得到了大家的关注,慢慢了解到自己该往哪个方向走,创业的路径也越来越清晰。

主持人:你觉得参加这些创业比赛对你有哪些帮助?

邱威:从2020年5月份开始,我们团队就开始参加各类创新创业比赛,在当时参加合肥工业大学“智能杯”创新创业大赛时,感触挺深。当时有幸进入复赛,复赛的规则是小组前三名晋级决赛,每组20支队伍。一直比赛到倒数第二支队伍的时候,我们团队一直排在第三名,最后很可惜,我们没能进入决赛。在这之前,我一直关注的是结果和分数,忽视了同组的项目。决赛我也去现场看了大家的路演,也发现了我们和好项目之间确实存在差距,也学习到了很多书本上学不到的东西。

我觉得可以和很多创业者进行交流,交换经验,增加成功的概率,同时可以获得与创业导师交流的机会,培养自己的创业思维和处理问题的方式及手段。这些对我今后的发展有很大的意义。

青春独白

作为一个起步于中国科大的青年创业者,对于创新创业充满了美好的畅想,记得当时王清宪省长视察我们项目的时候说:“要将科技成果转化为应用成果!”这句话我牢记心中,希望依托自己所在的实验室孵化出一些项目,真正做出来一些看得见、摸得着、用得上的东西,给城市发展带来便利,也给老百姓生活带来方便,在合肥这片创新创业的沃土上,为中国海绵城市的建设贡献自己的青春力量!

专家点评

海绵城市的实践旨在解决一系列城市治理的问题,如水土流失、环境污染、能源短缺、开发利用不合理等。

海绵城市是一个复杂且充满挑战的系统工程,在实施过程中涉及城市市政、生态、交通、景观和环境等功能,需要多部门协同管理、联合规划。实际上,城市化地区相互关联的社会系统、生态系统和基础设施系统经常受管理边界交叉的不同地方政府管理,在现行的管理体制下,海绵城市的管理可能是最难的问题。需要设立一个专门的体制机制,负责规划、组织、协调、管理和评估海绵城市的建设实施,促进协同规划与治理,构建数据库,记录实施情况相关信息,形成包括项目类型、技术调整、项目预期目标、实施时间和步骤、设计和操作过程等复杂因素的清单等。另外,还需要解决海绵城市建设面临的巨大资金压力的问题。

这个领域中的创业项目意义重大、任重道远。

董二宝

中国科学技术大学工程科学学院副教授，

中国科大创新创业导师

创业过程充满挑战，也蕴藏着无限机遇。同时，创业也是一种心态和行为方式的磨炼，要在充满竞争和不断变化的环境中，始终保持积极、创新、进取的态度去面对问题、寻找机会、构思解决方案、创造价值。

中科塑源:废弃塑料终结者

中科塑源减碳科技有限公司,是依托中国科学技术大学化学系安徽省生物质洁净能源重点实验室的高新技术单位。公司致力于将废弃聚对苯二甲酸乙二醇酯(PET)塑料和涤纶纺织品,降解成对苯二甲酸(TPA)和乙二醇二乙酸酯(EGDA)的研发,拥有多项核心技术,用全新化学回收路径,真正实现高效回收、循环利用,成为废弃塑料的终结者。

2022年3月,第五届联合国环境大会续会通过了《终止塑料污染决议(草案)》,来自175个国家的元首、环境部长和其他代表批准签署该决议。该决议是自气候变化《巴黎协定》签署以来最重要的国际多边环境决议,旨在推动全球治理塑料污染。

塑料污染已成为全球各国要共同面对的环保挑战。

不得不承认,塑料是人类社会伟大的发明之一,今天与人们的衣食住行紧密相关。特别是PET(对苯二甲酸乙二醇酯),作为重要的聚酯塑料,因其优异性能,成为全球消费经济的重要材料。

而PET的两个解聚产物TPA和EGDA,在工业上也有非常重要的应用。目前,国内对TPA的年需求量超过5000万吨,却面临着其主要合成原料对二甲苯(PX)的严重不足,PX主要靠国外进口,对外依存度高达50%。而EGDA则是一种新型、环保、稳定安全的强溶剂,在净味涂料、工业烤漆、汽车涂料和油墨工业具有重要应用,还可应用于制药工业,铸造有机酯固化剂等。

因此,如何从废弃PET塑料和涤纶纺织品中,有效回收TPA和EGDA,不仅能大大减轻环境污染,还能提升国内TPA产能,缓解其原料PX的对外进口压力。

核心团队

彭远桃

化学与材料科学学院

甘李进

杨宇

杨杰

罗家豪

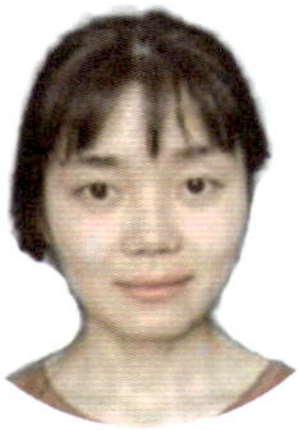

赵丽娟

张志琳

刘永恒

蔡文浩

王超楠

创客故事

你的衣服可能是矿泉水瓶做的

春分节气一过，气温上升得很快，周末在家收拾换季衣服时，突然想到和彭远桃聊项目时，他曾告诉我，现在很多衣服都是用矿泉水瓶做的。“绝大部分瓶身部分都是用聚对苯二甲酸乙二酯做成的，这种塑料的缩写叫PET。PET塑料可以做成人造纤维，织成布料，再做成衣服。”

PET在纺织行业被叫作“聚酯纤维”或“涤纶”，翻翻衣服洗标就会发现，我们每个人都挂过塑料瓶行走世界啊。

“那衣服穿完了，还能变回塑料瓶吗?”我有点好奇。

“这就是我们这个项目的价值。中国每年要解决的像废弃涤纶这样的纺织品垃圾有2000万吨左右。有些旧衣服会加工成拖把抹布等；有些会在工厂里变成塑胶跑道的颗粒；有些商家滞销的短袖薄款，可能会打包出口到非洲国家去销售;但像厚重的冬装、毛绒玩具、沙发等,真的没法处理,只能填埋。所以环保压力是非常大的。我们这项技术可以把低档次塑料,通过技术解聚,变成最高规格的食品级塑料。当然也就可以把旧衣服重新解聚变成新塑料瓶。"

听介绍才知,现在大部分企业还选择物理回收途径,由饮料瓶→纺织品→填料→废物物理回收。得到的产品价值不断降低,且回收次数有限,资源利用率不足50%。

而现有化学回收路径是:饮料瓶→对苯二甲酸(TPA)衍生物→粗TPA→精TPA,该路径对原材料要求极高,且回收经济性低,仅实现7%的废弃饮料瓶再利用。

但中科溯源首创了新型溶剂解工艺——乙酸化学解聚,实现对废弃PET材料的高效解聚:首次实现深色或黑色废弃PET到精对苯二甲酸的高效回收;首次实现废弃涤纶和PET填料到精对苯二甲酸的高效回收;首次实现废弃PET的混纺纤维到精对苯二甲酸的高效回收新型溶剂解工艺。

简单点概括,就是拥有了全新的废旧塑料的提纯工艺。

如果这一工艺成熟,无论是对减碳环保,还是对不可再生资源的保护,都意义重大。

2019年统计,全球塑料年消费量近4亿吨,其中,聚对苯二甲酸乙二醇酯(PET)近7000万吨。

精对苯二甲酸(TPA)作为PET原料,市场需求量巨大;而TPA的原料对二甲苯(PX),国内产能严重不足,每年需进口近1500万吨。而且,PX生产过程污染很大,近几年有些城市想建厂,都遭民众反对。如果可以有效回收利用废旧塑料,就可从源头上大大减少对PX的进口。

彭远桃说,他们这项技术通过最新生命周期评估,对环境的污染可比石油基减排少一半以上。若这一技术能成熟应用，定是利国利民的大好事。

科研就像牧羊少年的奇幻之旅

彭远桃说，他从小的梦想就是当一名人民教师，所以本科报考的是师范大学。后来参加中国科大举办的夏令营，被保研到中国科学技术大学，但也没把学术研究当成人生理想，而是希望未来能成为一名优秀的大学老师。

成为项目负责人，又开始了创业之旅，他感叹人生的神奇。

“之前我们在实验室做的课题，是生物质的定向催化转化，为此开发了一个体系，然后我们就思考，那能不能用这个体系去断裂PET呢？发现居然有效！但当时只是从科研角度去探索，在应用上，因为它的催化剂太贵，催化体系又很复杂，并不适合工业化。但后来，我们在后期条件不断优化后发现，只需一个很简单的乙酸条件，就可以实现包括所有的PET的回收，条件简单，工艺路线非常简洁，这样一来，它的工业化价值就出现了。我作为项目负责人，也顺理成章开始了创业之旅。”

这听起来很像无意间挖到宝藏，“当时发现这个结果后，兴奋吗？”他笑笑：“做科研是日复一日的匀速坚持，一个项目要做

各种变量的尝试,有的成功,有的失败,所以并没有太兴奋的感觉。”

他说得云淡风轻,我不由得想到了一本书——《牧羊少年奇幻之旅》。有时,人生的宝藏可能真的就在脚下,就在身边,但对我们真正有意义的,其实是千辛万苦寻找宝藏的过程。

科研的价值是“探索未知”。一般来说,最前沿的科技发现离现实生活应用还有很漫长的过程。彭远桃的项目也一样。当他们实验室做出这种技术后,也和一些厂家联系过,有些甚至谈了十来次。“目前存在一个问题,就是甲方很认可我们这种技术,但必须到达百万吨之后才能盈利,一家企业从现在开始投入,投到百万吨级,这个时间线太长,一般企业很难承受。”

“从实验室到走上产品线,需要多长时间呢?”

彭远桃解释说:“我们现在是吨级的情况,要做到万吨级示范线,大概需要两三年时间,投资在3000万元左右。但万吨级再往上,从十万吨到百万吨级,时间大概需要三到四年,投资比较大,大概20亿元。我们前期找一家企业,代我们做到万吨级示范线,先把前期这个阶段搞定了,到后期,我们计划去找中石化这样的大型国企合作投资。”

“前景非常好,但过程很艰难。”

“是的”,彭远桃说,“而且前期两三千万元投进去,是赚不到钱的。必须达到一定量级的产能,才有收益。”

工业的发展就是需要倚仗规模化,所以实体经济真的非常不易,既需要不停研发迭代新技术,又需要合理控制成本,还要能抵抗一些外部风险。每一位创业者都值得尊敬。

做科研的最大成就是改变世界

彭远桃的专业是可再生洁净能源,塑料是重要的研究对象。在他看来，塑料是人类社会伟大的发明之一，也是全球消费经济的重要材料，与人们的衣食住行紧密相关。

彭远桃说，随着技术进步，塑料可满足我们生活中的大部分需求，小到制作成柔软的衣服，大到军工类产品防弹头盔、背心等，都可以用塑料来制作。目前他们实验室正着手准备第二项技术的研发，对尼龙制品进行解聚回收，回收后可用作汽车框架，再往后会开发出钢性更高的尼龙，做到耐高温、耐油，甚至可用于制作汽车发动机。

截至2022年，全球约有65亿吨塑料被丢弃在大自然中，造成环境的严重污染。其中，废弃PET塑料占全球所有固体废物的12%。对PET进行有效降解回收，不仅对能源和化工业的可持续发展具有重要意义，对早日实现碳达峰、碳中和，也具有推动作用。

彭远桃担任总经理的中科塑源减碳技术有限公司，目标就是要做废弃塑料的终结者。

谈起公司名称，他笑称有三层意思：

“中科”代表团队和技术都来自中国科学技术大学，也一语双关是自主民族品牌。在化工行业，国家急需自主品牌的发展，他们的目标是做中国绿色化学品行业的领跑者。

“塑源”同样一语双关，既表明公司创建的主要目的，是将废弃塑料归其本源，改善环境污染问题；同时追本溯源，将以环保事业和绿色化学品的生产为己任，为中国的绿色化工行业和科技环保行业做出贡献。

我国当前的生态文明建设,进入了以降碳为重点战略方向、推动减污降碳协同增效、促进经济社会发展全面绿色转型、实现生态质量改善由量变到质变的关键时期,公司取名“减碳”,也彰显了公司的企业责任担当。

彭远桃说,做企业后,将自己的技术变成有用的产品,解决一些困扰国家、社会的难题,给他带来了完全不同的成就感。“如果这项技术顺利商业化,首先PET成本肯定会降下来,其次二氧化碳的排放,包括现在比较受关注的温室气体效应,都会得到显著改善。每年全球要消耗8%的石油用来做塑料,这项技术如果成熟,也可大大减少对石油的开采。”

很多人从小都梦想过当超人,因为想要改变世界。长大后发现,虽然会飞的红斗篷并不存在,但能依靠自己的专业力量,让这个世界变得更美好,还是同样激动人心。

项目价值

目前,废弃PET的商业化回收利用,主要还是以物理回收法为主,将收集得到的PET塑料洗涤、干燥、破碎和造粒。这种方法会导致材料结构恶化、性能下降,只能被加工成低价值产品,如纺织纤维或低品位树脂。而且,由于目前缺乏针对纺织品和树脂降解回收的有效方法,它们很快就彻底沦为废品垃圾。

相较于物理回收法,化学回收法则是将PET的链结构破坏,通过后期纯化单体,制备出全新高品质塑料,真正实现循环利用。

但目前,诸如糖解、醇解、水解等传统化学降解法,仅可实现瓶级PET的回收,对纺织品的回收效果不理想。我国作为世界纺织业大国,每年生产与消耗的纺织品数量惊人,纺织品废品也是一大环保难题。

该项目提出了对废弃PET塑料和涤纶布料的乙酸化学降解法,在国际上首创了新型溶剂解工艺，实现了废弃PET材料的高效解聚；首次实现深色或黑色废弃PET到精对苯二甲酸的高效回收；首次实现废弃涤纶和PET填料到精对苯二甲酸的高效回收；首次实现废弃PET的混纺纤维到精对苯二甲酸的高效回收。

访谈心声

主持人：你这个项目技术现在比较成熟吗？

彭远桃：应该说我们的技术很新，目前国内还没看到类似技术的报道。这项技术在国际上应该也是领先的，2022年底投稿给《科学》期刊的一篇论文，目前已在第三轮审稿中。

主持人：论文发表出来后，技术会不会很快被同行复制？

彭远桃：目前能想到的就是知识产权保护，包括专利保护，我们申请了很多专利，都是国际专利。

主持人：这项技术应用，对应的客户有哪些？

彭远桃:首先肯定是一些塑料制造类企业,其次像油漆、油墨类企业也可以,因为我们的技术还可以生产环保涂料。

主持人:你觉得一项新技术想进入市场,最大的困难是什么?

彭远桃:塑料回收行业,如果单从成本看,物理回收肯定是最便宜的,但它有局限性。化学回收的成本略高,但进入市场也有几十年了。我们作为一家创新企业,带来的是全新技术,想顺利打开市场确实有一定困难,比如前期投入大,有一定试错成本,需要达到百万吨量级以上才能让企业盈利……可能创业就是需要有机缘,碰到为你的梦想买单的人吧。

主持人:你觉得做科研和创业,最大的区别是什么?

彭远桃:在我看来,科研和创业都是探索和研究的过程。不同的是,科研是从0到1的发现过程,第一步就得通过不断做实验,把结果做出来,技术上得到实现;创业是一个从1到100的过程,把新技术应用起来,在日常生活中真正产生社会价值。

主持人:如果用一句广告语介绍你的产品,会怎么说?

彭远桃:当时参赛时想过一个——“中科塑源——废弃塑料的终结者”。我们的梦想就是把废弃塑料全部转化为高品质塑料,真正实现塑料制品的循环利用。

青春独白

因为高中时遇到一位好老师,那时的梦想是长大后当一名人民教师,所以本科报考的是东北师范大学。后来顺利保研,来到中国科学技术大学,我的梦想又变成了成为一名优秀的大学老师。所以创业这事特别偶然。

其实,这个项目一开始并不是奔着产品化、创业去的,是在做课题的过程中,随着后期条件不断优化,它的工业化价值逐步显现,才慢慢朝这个方向去发展,我也成了项目负责人,开始了创业的旅程。

一切仿佛都在不知不觉中"偏离轨道",但也给我带来了全新的人生体验和新的学术成就感。所以,人生不要给自己设限。

做实验时,觉得科研很有意思;创业后,发现全新领域也很有意思。能把实验室里的技术变成有用的产品,解决一些困扰国家、社会的难题,创新和创业相结合,虽然过程需要披荆斩棘,但也让我找到作为一名科技工作者的使命感和满足感。

专家点评

世界著名摇滚音乐家约翰·列侬说:"If you can't change yourself, change the world; If you can't change the world, change yourself."翻译成中文就是:如果你不能改变自己,你就改变世界;如果你不能改变世界,你就改变自己。

其实,创业是改变自己的过程。这个过程相反的情况也成立。只有彻底改变自己,创业才能成功,世界也许可以稍微为之改变。

毋庸置疑,创业带来的改变是炼狱式的,在创业路上,你总是被需求和产品困扰:挖掘需求,研究产品;对每一个细节、每一个决策都感到不安;不断论证和验证逻辑,试图先于对手发现行业的"秘密"。

创业是给现在不完美的自己的激励,消除自己的各种缺点,打造最好的自己。每天痛苦的折磨都在塑造自己,一次又一次,直到涅槃。创业过程中,创业者不可能都成功。但是,所有创业者都看到了更复杂、更美好的世界,竭尽全力成为更好的自己。所以不管结果如何,他们都是值得称赞的强者。

那些让创业者仰慕的人们,在改变自己的同时,也在改变世界。

钱　进

安徽创谷股权投资基金管理有限公司董事长，

中国科大创新创业导师

创新创业是一扇放眼看世界的窗口，通过融入社会、服务社会的尝试，去了解自己、雕琢自己，塑造出一个不被定义、没有上限的自我。

中源纳能:锂电池界面增效膜

我国是全球能源第一消费大国,“十四五”能源规划以及“碳达峰、碳中和”战略目标,驱动我国能源消费结构向绿色清洁型转型,推动了电池储能/电动汽车等新能源产业的快速发展。锂离子电池以其高能量密度、长循环寿命等优点,广泛应用于新能源汽车、电子设备、储能电站、航空航天等领域,起到不可或缺的作用。

锂电池隔膜是锂电池的关键的内层组件之一,是技术壁垒最高的一种高附加值材料,对提高电池的综合性能具有重要作用。当前,我国厂商在隔膜发展之路上还有很大的上升空间。

本项目团队研发了一种快离子导体材料,并与纳米材料进行复合,用在行业内首创的“界面增效”理念,开发锂电池“界面增效膜”产品。具有优异锂离子传导性和界面相容性的界面增效膜,显著降低了锂离子跨界面传输能垒,能够诱导锂离子在界面处横向均匀分散,并加速穿过电极界面。界面增效膜打通了电池内部“电极-电解液-隔膜”之间的离子传输瓶颈，从而对电池整体性能带来进一步提升。产品打通了电池部件之间的离子传输瓶颈，优化了电极利用率，显著提高了电池容量，特别是快充快放、低温性能，为电池带来能量密度15%~20%的提升，能节约10%的生产成本。

核心团队

李麟阁

化学与材料科学学院

郑鹏飞

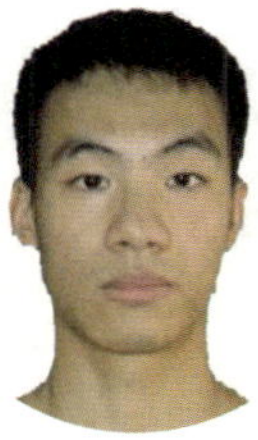

胡鸿飞

程双

创客故事

“膜”力四射，让锂电池界面增效

2023年春节刚过，江苏南京的皮先生自驾前往合肥走亲戚，和往年有点不一样的是,这次他驾驶的是年前新买的新能源电动汽车,而此前,他一直开的是传统的燃油汽车。节能、环保、噪声小,这是皮先生给予新能源汽车的评价。不过,一到合肥,他就拿出手机打开App,开始寻找附近的充电桩,因为他下午还要赶回南京,现有的电池电量已经不足以支撑。

这几年,像皮先生这样“腾笼换鸟”,换上新能源智能汽车的不在少数。不过,皮先生的表哥却一直在观望,在他看来,新能源汽车的电池技术还不够成熟,电池续航里程不足,遇到寒冷天气掉电快,充电排队问题突出,这些对于需要经常开车出差去外地的他来说都是看得见的“障碍”。

柏拉图说:“谁会讲故事,谁就拥有了世界。”对于新能源智能汽车来说,电池是它的生命,谁能增加电池的安全稳定性,谁能率先提高电池续航里程,就能在竞争中领先一步。当今,新能源智能汽车市场的竞争,很大程度上就是电池的一场“生死对决”。

这是一场看不见硝烟的“战场”。在“战场”上厮杀的不仅有比亚迪、宁德时代等这样的大公司,也包括无数新能源汽车相关的细分市场。2022年1月,李麟阁和他的团队带着憧憬和梦想,更带着公司独有的技术和产品,杀入了这个“赛道”。

“引入我们这项技术,能带来60到90千米续航里程的提升”

让时光倒流到2022年的夏天。8月18日,第十届“创业江苏”科技创业大赛暨第十一届中国创新创业大赛江苏赛区新能源/新能源汽车行业赛在常州举行。比赛聚集了江苏省各市新能源及新能源汽车行业的77个优秀创业团队和企业。经过两天的比赛路演,最终,苏州中源纳能科技有限公司名列初创组第二位。

一个月后,第十届“创业江苏”科技创业大赛暨第十一届中国创新创业大赛江苏赛区总决赛正式落下帷幕,共有来自六大行业的561个创业团队和企业展开了激烈角逐,苏州中源纳能科技有限公司脱颖而出,再次获奖。随后,在全国双创大赛中,公司再次被大赛组委会授予“优秀企业”……

对于2022年1月才成立的苏州中源纳能科技有限公司来说,这一系列的荣誉无疑是最好的褒奖,更是推动项目的“催化剂”。作为项目的负责人、公司的总经理李麟阁,这位来自中国科学技术大学物理化学专业的博士感慨良多。他自谦获奖是运气,言语背后透露的却是一份自信,这份自信则源于自有技术的先进性和创新性。“我们项目团队于业内首创‘界面增效’理念和产品,将催化剂与纳米化工艺结合,作用于内部电极界面。产品消除了电池部件之间的离子传输瓶颈,优化了能量利用率,显著提高了电池容量,特别是快充快放、低温性能提升。”李麟阁坦言,经过一步步的实验室样机验证,第三方机构检测,特别是在商用电池产线上的初步试用,目前得到的结果是:根据电芯体系和型号不同,公司的界面增效技术能为锂电池带来10%到18%的能量密度提升,初代产品保守估计是稳定在12%的提升。

能量密度的提升意味着什么?锂电池续航里程会因此增加吗?李麟阁说,答案是肯定的。他算了一笔账:“引入我们这项技术,根据我们目前测试的电芯情况推算,能为单台装配70 kWh电池包,类似于Model系列的新能源汽车,能带来60到90千米续航里程的提升,同时充电时间可以缩至15分钟,这是用户方面最直观的体验。”而此性能的提升仅需要为这个电池包增加约350元的成本。

这,正是李麟阁及其团队的“底牌”,更是他们的“王牌”。

“不做同质化的产品或者竞争,我们主要追求的是差异化”

双创大赛中,李麟阁和团队提交了一份详尽的商业计划书。和其他项目的商业计划书有所不同,他们计划书中的财务分析部分做得非常细致。很明显,这是一家有备而来,而且准备在新能源赛道上勇往直前且要大干一场的公司。

李麟阁之所以瞄准新能源的“赛道”,既源于国家密集出台的相关政策,也基于他所研究的方向。作为中国科大物理化学专业的博士生,他提到了物理化学学科的两大基本问题——热力学问题和动力学问题。“对于锂电池来说,热力学解决的是什么?可以说是电池的理论容量上限。开发新型电极材料去储存更多的锂,也就是储存更多电荷,这是热力学问题。动力学解决是什么?是在已知理论容量的情况下,能把性能发挥到多少,88%、95%,甚至99%,这是动力学问题。怎么把现有材料性能更好、更快地发挥出来?这是我们一直以来研发的重点。”

和传统产业仅针对单一材料,如电极、隔膜或电解液的开发不同,李麟阁及其团队更关注电池各部件之间的连通性,通过降低离子跨界面输运的能垒,减少能量损耗,提高电池运行速率。由于“内耗”降低,电池在快充过程中的发热也显著减少,进一步保障了安全性。李麟阁团队将其命名为“界面增效”技术——通过特有表征技术追踪与分析电池内部界面传质过程,再以简单易行的方案将关键性增效材料引入电池界面,实现产业化应用,改善电池的性能。

“罗马不是一天建成的。”从想法到研究,从实验到产品,经过一次次的调整、一次次的优化,“界面增效膜”走过了6年时间。外人看到的是产品的惊艳、团队的光鲜,但其中的甘苦、冷暖只有李麟阁和他的小伙伴们自己心里清楚。曾有人提出疑问:“你们的产品究竟是国内首创还是国际首创?”李麟阁笑着回答道:“中国的新能源技术已经走在了世界前列,我们的技术和产品已经不必再分是国内还是国际首创了。”

背靠中国科学技术大学和中国科学院苏州纳米技术和纳米仿生研究所两块“金字招牌”,李麟阁及其团队无疑有着充足的底气。“我们不做同质化的产品或者竞争,我们主要追求的是差异化发展。”李麟阁说,这是他们团队执着追求的价值点所在。2022年,公司建设研发和试验中心,完成了国内顶尖投资机构的千万元级天使轮融资。目前,他正在为产线选址,2023年,公司将建设首条中试生产线,美丽的蓝图正在他的面前铺展……

“科技报国,今天无疑就是最好的时代”

李麟阁家在安徽合肥,创业起步于江苏苏州。后来一直在多地奔波,谈融资、谈落地、参加路演、做产业布局……从学生走到科研工作者,从科研再向创业方向发展,作为公司负责人的李麟阁明显忙碌了很多,需要思考和解决的问题更是多了不少。

基础科研与产业化,两者最大的区别到底在哪里?等到真正成立公司,与市场“亲密”接触后,李麟阁才终于有了自己的理解:“基础科研研究的是最长的那块木板。10个样品中,对较好的进行测试、分析,从特例中找到共性。但是,做产品关注的是短板,是良品率。我要考虑投入成本,要考虑批量产品稳定性,会做大量的试验,反复验证它们的有效性和均一性,要尽可能让客户拿到稳定的产品。”

不仅如此,产品要从实验室走向商业化,性能只是第一步。市场的培育和切入,还需要推广、洽谈、调试等一个个步骤,而最终能否被市场

广泛接受与认可，客户包括消费者更有发言权。这中间既有漫长的一段路要走，也有诸多的坎要去迈。这些对于长期从事学习、科研，正在进行“角色转换”的李麟阁来说，无不都是挑战。

也曾有专家指出，科学家应该做科学家的事情，科学家做产业化，好比用高射炮打蚊子。对此，创业“初出茅庐”的李麟阁已经是感同身受，体会深刻。他给出的解决方案是：“我现在担任整个项目负责人，在公司的运营管理上很看重的一点，就是让专业的人去做专业的事。”在李麟阁眼中，研发人员在研发岗位能最大化发挥他的力量，但是又让研发人员跑市场、处理合同文案，对公司来说并不能节约成本，反而是人力资源的浪费。为此，公司专门招了财务，以及与专业律师事务所合作，解决日常税务、法务问题。“公司走上正轨以后，要把多方专业力量结合在一起，各司其职、各出其力，共同努力去做一件事情，最终形成促进技术、产品乃至整个经济、社会发展的有效方案。”

英国作家狄更斯在《双城记》的开头这样写道：“这是最好的时代，也是最坏的时代。”李麟阁说，目前国家非常重视科技的发展、自主的创新，大大缩短了从技术研究向产业化成果转化的路径，对于他们这些年轻科研工作者，同时也是青年创业者来说都是难得的机遇，“科技报国，今天无疑就是最好的时代！”

项目价值

近年来，我国锂电池隔膜出货量呈逐渐上升趋势。2022年，中国锂电子隔膜出货量同比增长65.3%，达到133.2亿米。

本项目基于多年对电池内在界面机制研究，开发出离子增效材料，在行业内首创“界面增效”概念和产品，专注于打通电池内部各部件之间离子传输的瓶颈，从而提升电池整体性能。项目产品具有极高的技术可行性和兼容性，不仅对现有锂离子电池产品具有显著增益，同样兼容于钠离子电池、金属锂电池、固态电池等下一代新技术和产品，克服了铁锂电池低温不可用这一缺陷，拓宽了其适用环境。团队开发的锂电池界面增效膜以先进的理论、独特的材料，为锂离子电池的未来发展提供了更广阔的发展空间。

界面增效膜的应用场景

相比于现有商业隔膜，界面增效膜具有更高的附加值和议价能力。通过与电池、汽车厂家的商业合作，开发出高性能锂电池和长续航电动汽车，获得更高的市场竞争力和售价，最终转化为产品的附加值和收益。

本项目技术将快离子导体与纳米结构相结合。纳米化结构使离子导体材料均匀分散在轻质载体之上，形成三维相通的离子传输网络，促进离子在横向维度上快速传导，避免区域集中现象。

产品具有轻质高效的特性。实现几乎不增加电池质量和体积的情况下，显著增强电池性能，提高储能容量。相比于现有陶瓷涂覆或固态电解质涂布隔膜，产品面密度和成本都极具优势。

访谈心声

主持人:锂电池这两年特别火,它伴随智能汽车、新能源汽车的广泛应用而发展,现在需求量特别大,你们这个产品会给锂电池或者智能汽车解决什么问题?

李麟阁:现在随着新能源汽车的发展,人们对于电池性能的需求也越来越多、越来越高,除了电池的安全性、稳定性,还有使用效率、续航里程等。和现在传统产业界针对单个的材料,例如正极、负极中间的电解液不同,我们更关注减小内部能量损耗,将更多的能量用在实际可用的地方,也就是把耗散的热能转化为化学能储存起来,加快它内部的能量利用率,我们称之为“界画增效”。通过原创性手段关注到电池内部的界面问题,通过相对比较简单的方法,将我们的增效材料涂抹在电极表面,实现对离子加速效果,改善电池的性能,这是我们追求的点。

主持人:围绕锂电池,现在很多的企业都在布局,你们的产品是解决锂电池的使用寿命问题还是使用质量问题?使用锂电池的企业会不会认为你对它有刚性的需求,还是说可有可无?

李麟阁:我们做科研可能不太了解产业界的需求,有一些我们解决的问题未必是生产使用过程中的刚需,未必是痛点问题,这就需要回到我们怎么认识电池、怎么认识电池的应用的问题。后来我们也做了一系列调研,尤其是新能源汽车目前的几个痛点问题。怎么解决这些电池问题呢?大家从正极、隔膜、电解液等方面提出了一系列方案解决。我们不改变现有材料,通过增加一个层来改善电池的一系列性能,得到好的效果,提升了电池的竞争力。最终表现在消费品上,比如新能源汽车、手机续航时间长了,它可以承受更大的充电电流,也就是充电更快,这是用户体验的改善。对于新能源厂家来说,因为我们减少了能量的消耗,也就是提高了正极材料的能量利用率,为新能源产业带来降本增效的效果。

主持人:你们已经成立了公司,下一步的规划和目标是什么?

李麟阁:我们下一步的目标是建立一套比较成熟和完善的中试生产线,能匹配到电芯厂一系列测试要求,前期初步结果反馈不错,后续需要更多电芯厂家进行大量的测试,不断完善我们的测试。考虑到经济周期的问题,尤其是新能源行业当下是一个热点,我们做的锂电池界面增效膜,其实不仅适用于锂电池产品,在全固态电池、钠离子等方面也都做了布局。这项技术要发展它的先进性,保证它不会受到产品周期的影响。我们更多追求的是能为产业界解决痛点问题的解决方案,它就可以避免经济以及产品整个迭代周期的影响,保持它的平稳发展。

主持人:你现在整个团队有多少创业伙伴?已经有合作客户了吗?

李麟阁:我们现在一共有6个人,包括两位老师、另两家企业的合伙人以及公司自己的人。我们现在合作的有上海的比亚迪、常州的蜂巢能源,一系列消费和动力电池的厂家,我们的产品用在他们的实验线上,下一步推广到动力电池产品线上。我们正在着手建我们的中试生产线,要保证我们自己有足够的产能。

主持人:合肥的新能源汽车发展很好,正在打造新能源汽车之都,包括比亚迪在这边建厂,还有蔚来汽车、江淮汽车等,上下游配套都很好,你为什么布局把重心放在苏州,而不是放在合肥呢?

李麟阁:我们在苏州起步,但是我们下一步的布局,整个电池的布局实际上是想往合肥去放,我们已经跟合肥市政府有关部门洽谈关于产业落地的问题。因为我们有很多客户在合肥,所以我们后面规划以合肥为中心。特别是中国科大在合肥,我本身是科大人,所以更希望把我们的产业与科大的优势结合起来,一起发展壮大新能源产业。

青春独白

从学生到科研工作者,从科研工作者往创业方向发展,我们现在逐渐意识到、更感受到国家的科技发展战略的感召力,尤其新能源行业,包括锂电池、汽车行业,对基础研究的推动力更强了。我们之前学的理论知识,做的基础研究,包括针对产业界问题做的科研,都能很好很快地应用到现有的产业,这大大加速了从技术研究向产业化成果转化的速度。这是一个很好的时代,充满了各种挑战,但更多的是机遇,我们科研工作者要抓住这些机遇,发挥出我们的作用和优势,迸发更大的力量去实现科技报国。

专家点评

科学知识只有通过推动工业技术进步才能为社会发展带来福利。但是,工程技术应用开发与基础科学探索在认知模式上是截然不同的两种活动。前者是以未知的工程技术条件去实现设定的工程技术目标,因此工程技术开发过程是将工程目标不断分解和具体化，通过尽量接近开发者已有的经验和知识，以寻找可能的实施方案。科学探索活动是以已知的科学知识为基础，开放性地探索未知的认知领域。因此，科学发现可能会对工程技术开发有支持作用，但不会是按照科学发现自身的逻辑直接作用的；科学发现必须被“翻译”为技术的逻辑，并与产业经验、组织因素和制度因素等结合起来，成为工业实践者在原有的认知系统中可理解的“部件”或者“系统”，才能对工业技术进步产生实质性的推动。

若要实现这种高效“翻译”过程，需要建立一系列的机制：

(1) 使工业实践者对技术内在逻辑拥有更深刻的认识，从而具备理解技术、开发技术和改变技术的能力。

(2) 为工程技术研发启发新的技术思路，催生新的检验手段。

(3) 为克服现有系统的技术瓶颈提供关键材料和新的关联模块，间接地提供新的解决方案。

这种“翻译”的实践成果往往表现为新技术范式、新检验手段、新模块或新材料，或者通过为已有的工程实践提供新的关键要素，使原本不可能的解决方案变为可能，从而推动工业技术系统的演进。即便当这种“翻译”不表现为具体事物，而仅是体现为人们对技术理解的增进时，往往也是在先行者做出了转化为“工业语言”的产品示范或技术示范后，广泛的工业群体才能真正地认识到相关科学知识的作用。

创新创业之路没有终点

愿我们蓦然回首时

永远不会忘记那些奋斗的时刻

以及陪伴我们成长的人

——中国科学技术大学创新创业学院

中国科大创新创业学院微信公众号